삼파집
三巴集

마카오 성바오로성당 중국인 신부의 노래

이 역서는 2008년 정부(교육부)의 재원으로 한국연구재단의 지원을 받아 수행된 연구임(NRF-2008-361-B00001)

삼파집
마카오 성바오로성당 중국인 신부의 노래

초판 1쇄 발행 2018년 8월 27일

지은이   오력(吳歷)
전 주   장문흠(章文欽)
옮긴이   최낙민 · 김창경
감 수   심백섭 유스티노 신부
펴낸이   윤관백
펴낸곳   도서출판 선인

등록 제5-77호(1998.11.4)
주소 서울시 마포구 마포대로 4다길 4 (마포동 324-1) 곶마루 B/D 1층
전화 02)718-6252/6257
팩스 02)718-6253
E-mail sunin72@chol.com
Homepage www.suninbook.com

정가 14,000원
ISBN 979-11-6068-201-4 93820

· 잘못된 책은 바꾸어 드립니다.

삼파집
三巴集

마카오 성바오로성당 중국인 신부의 노래

오 력(吳 歷) 지음
장문흠(章文欽) 전주
최낙민·김창경 공역
심백섭 유스티노 신부 감수

이 책의 내용은
저작권자와의 계약을 통해
도서출판 선인에서 출판권을 보유하고 있습니다.
저작권법에 의해 한국 내에서 보호를 받는 저작물이므로
무단전재와 무단복제를 금합니다.

책을 내면서

본서는 청나라 초기 산수화단을 대표하던 저명한 화가 오력(吳歷, 1632~1718)이 지천명의 나이로 '신의 이름의 도시(City of the Name of God; 聖名之城)'라 불린 마카오의 성바오로학원(Colégio de São Paulo; 聖保祿學院)을 찾아 예수회에 입회하고, 수련수사로서 신학교육을 받는 동안에 지은 천학시(天學詩)들을 모은 『삼파집(三巴集)』을 우리말로 옮긴 것이다. 삼파란 바로 성바오로학원과 성당을 지칭하는 말이다.

1583년 중국 본토에 처음 발을 디딘 마테오 리치 신부는 1603년 『천주실의(天主實義)』에서 '하느님Deus'을 '천주(天主)'라고 옮겼다. 이후, 대서양을 건너온 이 새로운 종교는 천학(天學) 혹은 천주교(天主敎)라 불리게 되었다. 우리에게 조금은 생경한 용어인 '천학시'는 중국 고전 시가의 형식을 빌려 천주교와 관련한 내용을 담아낸 시를 말한다. 천학시라는 말은 "천학시를 짓는 것은, 다른 어떤 시를 짓는 것보다 어렵다(作天學詩最難, 比不得他詩)"고 술회한 『삼파집』의 작가 오어산 신부가 처음 사용하였다.

오어산 신부는 명나라 말기에 태어났고, 은둔자의 삶을 살았으며, 마카오에서 포르투갈 출신의 예수회원들과 함께 생활하였고, 유럽을 여행했다고 말해지며, 신부가 되어 상해(上海)와 가정(嘉定)에서 사목 활동을 했고, 상해 서가회(徐家匯)에 있는 가톨릭 수도원에서 생을 마감하였다. 천주교 중국선교사에 있어 사대부로 출가하여 수도자가 된 것은 오어산 신부가 처음이었다. 때문에 예수회의 문서에서는 그를 '중국문학에 정통한' '독서수사(讀書修士)'라고 기록하여 오어산 신부가 갖는 특별한 의미를 분명하게 밝히고 있다.

2014년 여름, 중국 광주(廣州)에서 『오어산집전주(吳漁山集箋注)』를 출간하신 장문흠(章文欽)교수를 만나 책을 선물 받았다. 당시 기회가 되면 한글로 옮겨보겠다는 약속을 한 인연으로 오어산 신부님의 천학시 번역을 시작 했지만, 천주교 신자가 아닌 역자에겐 결코 쉽지 않은 일이었다. Jonathan Chaves 교수가 *Singing of the Source : NATURE AND GOD IN THE POETRY OF THE CHINESE PAINTER WU LI*(1993)를 출간하면서, 일부 시들은 무슨 뜻인지 번역할 수 없었다고 밝힌 심정을 충분히 공감하고, "아는 것을 안다 하고, 모르는 것을 모른다 하는 것이 진정 아는 것이다(知之爲知之 不知爲不知 是知也)" 라는 공자님의 말씀에 용기를 내었다.

역자는 중국고전시가를 전공한 부경대학교 김창경 교수에게 도움을 청하고 다시 번역작업을 진행하였다. 하지만 학장의 소임을 맡게 된 김창경 교수와 시간을 맞춰 번역을 하는 일 역시 쉽지 않아 2년이라는 시간이 훌쩍 지났고, 유난히 더웠던 올해 여름 마침내 번역작업을 마치게 되었다. 하지만 신자가 아닌 역자 두 사람이 그리스도교의 교리와 신앙생활, 종교활동에 관한 오어산 신부님의 말씀을 옮기는 데는 여전히 한계가 있었다.

역자들은 오어산 신부님의 시를 보다 정확하게 소개하고 싶다는 일념으로 일면식도 없는 예수회 이냐시오영성연구소 김영훈 소장 신부님께 도움을 청했고, 대전 가톨릭대학교 심백섭 유스티노 신부님을 소개 받게 되었다. 심백섭 신부님께서는 오어산 신부님의 시를 한 수 한 수, 한 글자도 놓치지 않으시고 꼼꼼하게 감수해주시고, 예수회의 교리와 교회용어에 관해 자세한 설명을 더해 주셔서 많은 오류를 줄일 수 있게 되었다. 책을 출판하는 이 시점에도 역자들은 일부 시의 번역에 대해 만족하지 못하고 있다. 번역에 나타날 수 있는 모든 오류는 자신의 한계를 알지 못하고, 이 번역을 기획한 본인의 부족함에 기인한 것임을 통감하고 모든 질책을 달게 받고 책임을 지고자 한다. 또한 겸허한 마음으로 독자 제현의 엄정한 질정을 구하는 바이다.

  청나라 초기에 활동한 예수회 중국인 신부 오어산과 그가 창작한 천학시를 소개하여 국내 중국고전문학연구의 지평을 넓히고, 천주교 선교사를 공부하시는 분들께 미력이나마 도움을 드리고자 하는 소박한 목적으로 시작한 번역작업이 많은 분들의 도움으로 드디어 세상에 나오게 되었다. 오어산 신부님의 책을 선물해 주시고 출판까지 허용해 주신 장문흠 교수님, 바쁜 중에도 끝까지 번역작업을 함께 한 김창경 교수님, 좋은 인연을 맺어 주신 이냐시오영성연구소 김영훈 소장 신부님, 그리고 기꺼이 이 책의 수호천사를 자임해 주신 대전 가톨릭대학 심백섭 유스티노 신부님께 지면을 빌어 다시 한 번 감사의 마음을 전한다. 또한 지난 10년간 "해항도시 문화교섭학"이라는 아젠다를 두고 함께 고민해 온 한국해양대학교 국제해양문제연구소 동료들께도 감사의 인사를 전한다.

역자를 대표해
최낙민

목 차

책을 내면서 /5
일러두기 /14

1부_『오중잡영(澳中雜詠)』- 마카오의 노래

제1수 _19 / 제2수 _21 / 제3수 _23
제4수 _24 / 제5수 _25 / 제6수 _26
제7수 _28 / 제8수 _30 / 제9수 _32
제10수 _33 / 제11수 _35 / 제12수 _37
제13수 _39 / 제14수 _40 / 제15수 _41
제16수 _43 / 제17수 _44 / 제18수 _45
제19수 _46 / 제20수 _47 / 제21수 _48
제22수 _49 / 제23수 _50 / 제24수 _51
제25수 _52 / 제26수 _53 / 제27수 _54
제28수 _55 / 제29수 _56 / 제30수 _58

2부_ 『성학시(聖學詩)』

- 자술(自述): 1 _62 / - 자술(自述): 2 _63
- 일제(佚題): 1 _64 / - 일제(佚題): 2 _65
- 일제(佚題): 3 _66 / - 일제(佚題): 4 _67
- 일제(佚題): 5 _68 / - 일제(佚題): 6 _69
- 일제(佚題): 7 _70 / - 일제(佚題): 8 _71
- 일제(佚題): 9 _72 / - 일제(佚題): 10 _73
- 일제(佚題): 11 _74 / - 일제(佚題): 12 _75
- 일제(佚題): 13 _76 / - 일제(佚題): 14 _77
- 성모 영보를 경하드림(慶賀聖母領報): 1 _78
- 성모 영보를 경하드림(慶賀聖母領報): 2 _79
- 잡영(雜詠): 1 _80
- 잡영(雜詠): 2 _81
- 잡영(雜詠): 3 _82
- 잡감 오절(雜感五絶): 1 _83
- 잡감 오절(雜感五絶): 2 _84
- 잡감 오절(雜感五絶): 3 _85
- 자술오율(自述五律) _86
- 교우 곽에게 주다(贈郭) _87

- 세상을 떠나신 스승 주 신부님을 기리며(頌先師周鐸) _88
- 성 요셉 찬미(讚聖若瑟): 1 _89
- 성 요셉 찬미(讚聖若瑟): 2 _90
- 교우를 축복함(賀友) _91
- 교황의 복벽 소식을 듣고(聞敎宗復辟) _92
- 거룩한 교회의 은혜에 감사하며 (感謝聖會洪恩) : 1 _93
- 거룩한 교회의 은혜에 감사하며 (感謝聖會洪恩): 2 _94
- 사도 성 시몬을 찬미함(讚宗徒聖西滿) _95
- 성 이냐시오(Ignatius de Loyola, 聖依納爵) _96
- 성 프란치스코 하비에르(Francis Xavier, 聖方濟各·沙勿略) _99
- 성 요한, 바오로, 야고보 일본에서의 순교(聖若望, 保祿, 雅各伯 日本國致命) _101
- 성 프란시스코 보르하(Francisco de Borja, 聖方濟各·玻爾日亞) _103
- 성 스타니수아프 코스트카(Stanislaus Kostka, 聖達尼老·格斯加) _105
- 성 알로이시오 곤자가(Aloysius Gonzaga, 聖類斯·公撒格) _107
- 성 장프랑수아 레지스(Jean Francois Regis, 聖方濟各·來日斯) _109
- 교우를 축하하며(賀友) _111

- 성교회의 진리를 노래하다 (感詠聖會眞理): 1 _112
- 성교회의 진리를 노래하다 (感詠聖會眞理): 2 _113
- 성교회의 진리를 노래하다 (感詠聖會眞理): 3 _114
- 성교회의 진리를 노래하다 (感詠聖會眞理): 4 _115
- 성교회의 진리를 노래하다 (感詠聖會眞理): 5 _116
- 성교회의 진리를 노래하다 (感詠聖會眞理): 6 _117
- 성교회의 진리를 노래하다 (感詠聖會眞理): 7 _118
- 성교회의 진리를 노래하다 (感詠聖會眞理): 8 _119
- 성교회의 진리를 노래하다 (感詠聖會眞理): 9 _120
- 오언절구(五絶): 1 _121
- 오언절구(五絶): 2 _122
- 마카오에서의 감회(澳中有感): 1 _123
- 마카오에서의 감회(澳中有感): 2 _124
- 마카오에서의 감회(澳中有感): 3 _125
- 성 교회의 근원을 읊다(誦聖會原流): 1 _126
- 성 교회의 근원을 읊다(誦聖會原流): 2 _127
- 성 교회의 근원을 읊다(誦聖會原流): 3 _128
- 성 교회의 근원을 읊다(誦聖會原流): 4 _129
- 성 교회의 근원을 읊다(誦聖會原流): 5 _130

- 성 교회의 근원을 읊다(誦聖會原流): 6 _131
- 성 교회의 근원을 읊다(誦聖會原流): 7 _132
- 성 교회의 근원을 읊다(誦聖會原流): 8 _133
- 성 교회의 근원을 읊다(誦聖會原流): 9 _134
- 성 교회의 근원을 읊다(誦聖會原流): 10 _135
- 성 교회의 근원을 읊다(誦聖會原流): 11 _136
- 성 교회의 근원을 읊다(誦聖會原流): 12 _137
- 대천사 미카엘(總領天神) _138
- 수호천사(護守天神) _139
- 칠극송(七克頌): 교만을 이겨내기(克傲) _140
- 칠극송(七克頌): 탐욕을 이겨내기(克吝) _141
- 칠극송(七克頌): 음란함을 이겨내기(克淫) _142
- 칠극송(七克頌): 분노를 이겨내기(克忿) _143
- 칠극송(七克頌): 질투를 이겨내기(克妬) _144
- 칠극송(七克頌): 탐식을 이겨내기(克饕) _145
- 칠극송(七克頌): 나태함을 이겨내기(克怠) _146
- 선배 도반에게 드림(贈前輩道友) _147
- 칠십 노인의 노래(七十自詠): 1 _148
- 칠십 노인의 노래(七十自詠): 2 _150
- 칠십 노인의 노래(七十自詠): 3 _151
- 칠십 노인의 노래(七十自詠): 4 _152

해제_ 오어산(吳漁山)과 『삼파집(三巴集)』

1. 들어가는 말 _155
2. 오어산과 『삼파집』 _158
3. "성명지성(聖名之城)"과 『오중잡영』 _168
4. "성명지성(聖名之城)"과 『성학시』 _176
5. 나오는 말 _195

오어산 하비에르 신부 간략 연표 _199
저자 · 역자 소개 _202

일러두기

■ 본서는 청(淸) 오력(吳歷)이 저술한 『三巴集』을 장문흠(章文欽)이 전주(箋注)한 『吳漁山集箋注』(中華書局, 2007), 방호(方豪) 신부의 「吳漁山先生 『三巴集』校釋」(崇文書店, 1971) 등을 참고하여 우리말로 옮긴 것이다.

■ 본서의 번역은 한국어 한자음 표기를 기본으로 옮겼다.

■ 예수회 성인들의 이름과 사적은 조지프 틸렌다가 짓고 박병훈이 엮은 『예수회 성인전』(이냐시오영성연구소, 2014)을 기본으로 하였다.

■ 본서에서는 독자의 가독성을 위해 지명과 고유명사에 한하여 간단한 각주를 달았고, 2부 『성학시』에서는 심백섭 신부님이 천주교와 예수회에 관련한 간단한 각주를 달아 독자의 이해를 돕고자 하였다.

오어산(吳漁山) 시몬 하비에르(Simon Xaverius) 신부

1부_
『오중잡영(澳中雜詠)』
— 마카오의 노래

제1수

관갑(關閘)¹⁾ 앞 월(粵)²⁾땅 끝으로 모래톱이 펼쳐지고,
호경(濠鏡)³⁾의 산세는 꽃송이를 닮았구나.
거객(居客)⁴⁾이여 놀라지 마시라 잘못 든 것이 아니니,
먼 곳에서 도를 배우고자 성바오로(三巴)⁵⁾까지 왔다네.

關頭粵盡下平沙, 濠鏡山形可類花.
居客不驚非誤入, 遠從學道到三巴.

‖ 산 색은 검은 자주빛이고, 그 모습은 꽃송이를 닮았다. 삼파(三巴; San Paulo)는 예수회 성당의 이름이다.(山色紫墨, 形類花朶. 三巴, 耶穌會之堂名.)

---

1) 관갑(關閘)은 명 만력(萬曆) 2년(1574) 마카오와 광동성(廣東省) 전산현(前山縣, 현 珠海)을 연결하는 유일한 육로인 모래톱 연화경(蓮花莖)에 설치한 성루(城樓)풍의 갑문(閘門). 정면오문도(正面澳門圖)의 우측 상단에 위치함.
2) 월(粵)은 현재의 광동성(廣東省)성과 광서성(廣西省)을 통칭하여 부르는 이름.
3) 호경(濠鏡)은 마카오(澳門)의 옛 이름.
4) 거객(居客)은 당시 마카오에 거주하던 중국인과 포르투갈인을 지칭. 강희(康熙) 초기까지 해금(海禁)을 실시했기 때문에 중국인의 마카오 출입이 제한됨.
5) 삼파(三巴)는 성바오로(San Paulo)성당의 음역으로 삼파사(三巴寺), 삼파당(三巴堂)이라 불림. 1572년 처음 지어졌고, 1602~1637년 중건되었지만 1835년 화재로 소실되고 현재는 파사드만 남음. 1594년에는 성바오로학원이 창건됨.

정면오문도(正面澳門圖)

그림출처: 印光任·張汝霖, 『澳門記略』, 光緒丙辰重刊本.

제2수

오리(五里) 모래사장엔 굽이마다 높은 집들,
낯선 말(鄕音)이 들리는 몇 곳에는 객들이 모여 사네.
바다비둘기만 어리석게 농사일을 재촉하다,
도랑가 밭을 버려두고 파도 위를 비껴 날아가네.

一曲樓臺五里沙, 鄕音幾處客爲家.
海鳩獨拙催農事, 抛卻濠田隔浪斜.

‖ 마카오의 땅은 종횡으로 5, 6리에 불과하고, 물 건너 도랑가의 밭은 몹시 척박하다. 거주민들은 춘경을 알지 못하고, 해상에서 상업 활동에 종사하였다.(地土縱橫五六里, 隔水濠田甚瘠, 居客不諳春耕, 海上爲商.)

측면오문도(側面澳門圖)
그림출처: 印光任·張汝霖, 『澳門記略』, 光緒丙辰重刊本.

제3수

누런 모래밭 초라한 집에는 흑인[1]이 살고,
문 앞의 버드나무는 물 억새마냥 가을에도 무성하네.
깊은 밤 단민(蛋民)[2]들의 배가 이곳에 정박하니,
재주(齋廚)[3]에서 준비한 점심에는 싱싱한 생선이 오르네.

黃沙白屋黑人居, 門柳如荻秋不踈.
夜半蛋船來泊此, 齋廚午飯有鮮魚.

‖ 흑인들의 풍속은 짙은 검은색 피부를 아름답다고 여기고, 옅은 피부색을 추하다고 여긴다. 생선으로는 준치와 숭어 두 가지 종류가 있는데, 서양의 올리브유로 구워서 사순절[4] 소식(素食)으로 제공한다.(黑人俗尙, 深黑爲美, 淡者爲醜. 魚有鰣鯔兩種, 用大西阿里襪油炙之, 供四旬齋素.)

---

[1] 흑인(黑人)은 귀노(鬼奴) 혹은 흑귀노(黑鬼奴)라고도 불렸고, 포르투갈 사람들은 흑인들을 노복으로 부림.
[2] 단민(蛋民)이란 중국 화남(華南) 지방의 연안에서 수상생활을 하는 사람들을 지칭.
[3] 재주(齋廚)란 제사에 필요한 음식을 차리는 주방.
[4] 천주교에서는 사순절 동안 술과 고기를 금하고 마음을 깨끗이 하도록 요구함.

제4수

초를 밝혀 높이 들고 성인(聖人)[1]의 오심을 환영하니,
펄럭이는 깃발에 예포 소리는 우레와 같네.
화초로 장식된 네거리는 비단같이 푸르고,
구경꾼들이 밟아 먼지를 일으키지 못하게 하네.

捧蠟高燒迎聖來, 旗幢風滿砲成雷.
四街鋪草靑如錦, 未許遊人踏作埃.

‖ 하비에르 성인의 출유행사 때에는, 온 거리에 화초를 장식하여 존경을 표하였다. 거리의 이름은 외(畏)·위(威)·회(懷)·덕(德)(위엄을 경외하고 덕을 그리워함)이라고 한다.(沙勿略聖人出會, 滿街鋪花與草爲敬, 街名畏威懷德.)

---

[1] 스페인 출신의 선교사 성 프란치스코 하비에르(Franciscus Xaverius, 1506~1522)는 예수회의 공동 창설자 중의 한 사람으로 동방선교의 책임을 맡음. 하비에르는 마카오 천주교계의 특별한 존경을 받았으며, 축일은 12월 3일.

제5수

어둑어둑한 바다 기운 저녁 하늘로 바뀌니,
고기잡이배 나란히 밥 짓는 연기 오르네.
기러기도 이 먼 곳까지 날아오기 힘듦을 알지만,
이 섬 둥근 달도 내일 밤이면 열두 번째라네.

海氣陰陰易晚天, 漁舟相並起炊煙.
雁飛地遠知難到, 島月來宵十二圓.

‖ 단민들은 배를 띄워 고기를 잡고, 바다를 집으로 삼으며,
  언제나 뭍에 오르지 않는다.(蛋人放舟捕漁, 以海爲家, 終歲不歸.)

제6수

짧은 모직 셔츠에 가벼운 가죽 장화,
포대산(砲臺山)[1]으로 답청을 나서네.
우연히 고향사람 만나 서양인의 광산(礦山)일을 이야기하니,
근자에야 황금이 쉽게 생기지 않음을 알게 되었네.

短毲衣衫革屐輕, 砲臺山上踏新晴.
偶逢鄉舊說西礦, 近覺黃金不易生.

∥ (서양 사람들은) 짧은 모직 셔츠를 좋아하는데 양 소매가 좁고 짧으며, 옷 가운데 네 개의 단추로 이중으로 여민다. 그들이 신은 가죽 부츠에는 굽이 하나만 있다. 양 허리 사이에 단검과 장검 두 자루를 차고, 손에 붉은색 등나무 지휘봉(藤策)을 든 사람이 총독이다.(俗喜短毲衣衫, 兩袖窄小, 中間四旁鈕扣重密. 著革屐, 屐只一齒. 兩腰間橫長短二劍, 手執朱藤枝者, 是兵頭官也.)

---

[1] 포대산(砲臺山)은 성바오로성당 동쪽 언덕에 위치한 몬테요새로 대포대산, 삼파(三巴)포대라고 불림.

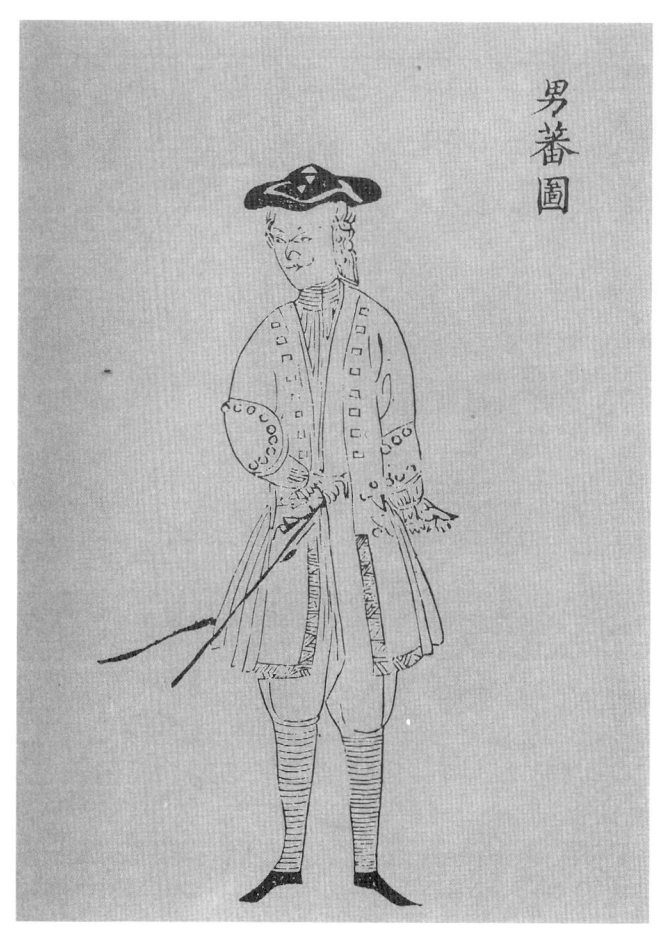

남번도(男蕃圖)
그림출처: 印光任·張汝霖, 『澳門記略』, 光緒丙辰重刊本.

제7수

곱게 단장한 젊은 부인 비단 베일로 (몸을) 가리니,
뒤로 올린머리와 길게 그린 눈썹을 어찌 알겠는가.
지아비는 이익을 중히 여겨 언제나 객지를 떠도니,
매번 물때가 되면 이별을 한다네.

少婦凝粧錦覆披, 那知虛髻畫長眉.
夫因重利常爲客, 每見潮生動別離.

‖ 집 주위에 뽕나무를 심지 않고, 부녀자들은 누에치는 일을 모른다. 전신을 자홍색 꽃이 수놓인 비단 베일로 머리부터 가리기 때문에, 살짝 반쪽 얼굴이 드러날 뿐이며, 상복을 입은 사람은 검은 색을 사용한다.(宅不樹桑, 婦不知蠶事. 全身紅紫花錦, 尖頂覆拖, 薇露眉目半面, 有凶服者用皂色.)

여번도(女蕃圖)
그림출처: 印光任·張汝霖, 『澳門記略』, 光緒丙辰重刊本.

제8수

저녁녘 제방에서 그물 걷을 때면 비린내 나무 끝까지 진동하고,
거친 단민들 무리지어 술병 가득 술을 사네.
바다는 평온하여 아무 일도 없고,
두 문짝은 오랫동안 닫혔고 정자는 하릴없이 비어있네.

晚堤收網樹頭腥, 蠻蛋群沽酒滿瓶.
海上太平無一事, 雙扉久閉一空亭.

‖ 해상에서 일이 생기면, 관리와 신사들이 이 정자에 모여 의논을 하는데, 의사정(議事亭)이라 부른다.(凡海上事, 官紳集議亭中, 名議事亭.)

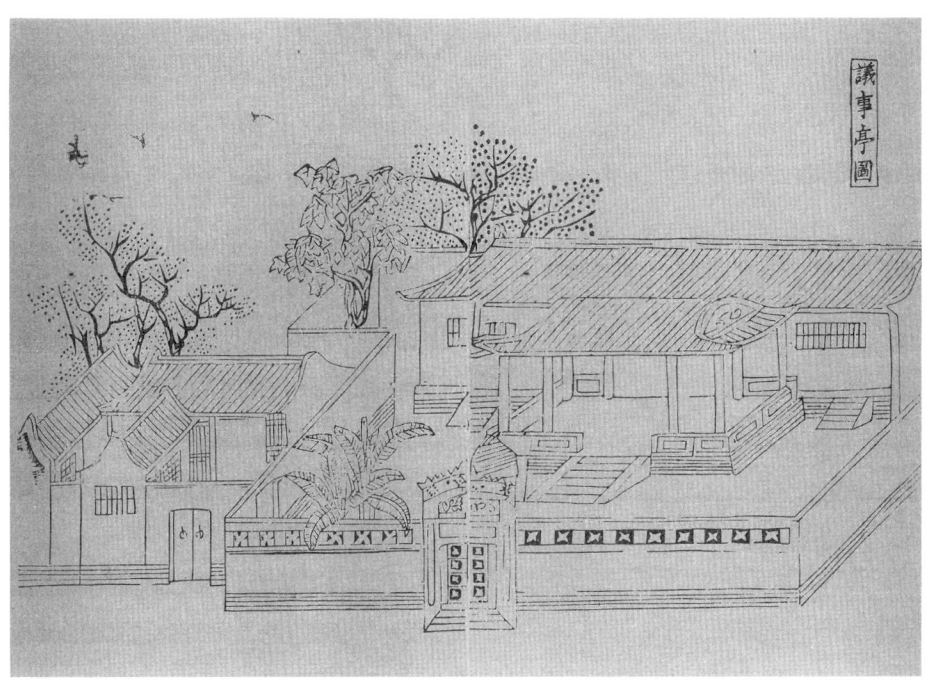

의사정도(議事亭圖)
그림출처: 印光任·張汝霖, 『澳門記略』, 光緒丙辰重刊本.

제9수

용수나무의 짙은 그늘이라도 땅은 차지 않고,
새 지저귀는 봄이 오니 선술집이 소란하네.
술 마시러 온 사람들 고향 이야기를 나누는데,
인사예절은 같으나 모자 벗어 인사함만 다르네.

榕樹濃陰地不寒, 鳥鳴春至酒家歡.
來人飮客言鄕事, 禮數還同只免冠.

‖ 금빛 나는 머리털을 말아 헤치고, 검은색 모전(毛氈)으로 만든 모자를 단정하게 쓴다. 모자 모양은 삿갓과 같고, 사람을 만나면 모자를 벗어 인사를 한다.(髮有金絲拳披者, 矜重載黑多絨帽. 帽式如笠, 見人則免之爲禮敬.)

제10수

범선은 밤낮으로 내달리듯 빠르게 항해하니,
그 누가 편히 잠들어 고향을 꿈꿀까?
멀리 서양으로 가는 뱃길을 헤아려보니
오늘쯤은 응당 적도부근을 지났겠지.

風舶奔流日夜狂, 誰能穩臥夢家鄕.
計程前度大西去, 今日應過赤道傍.

‖ 쿠플레[1] 신부님의 여정을 계산해보면, 응당 적도를 지났을 것이다.(計柏先生去程應過赤道.)

---

[1] 쿠플레(Philippe Couplet, 1624~1692) 신부는 벨기에 출신으로 강남지역에서 선교활동을 했다. 1681년 중국 예수회 선교지역에 의해 교황청에 파견되었을 때 오어산과 함께 갈 것을 계획했다. 하지만 마카오 현지 종교지도자들의 반대로 성사되지 못하고, 유럽으로 가는 뱃길에 올랐다.

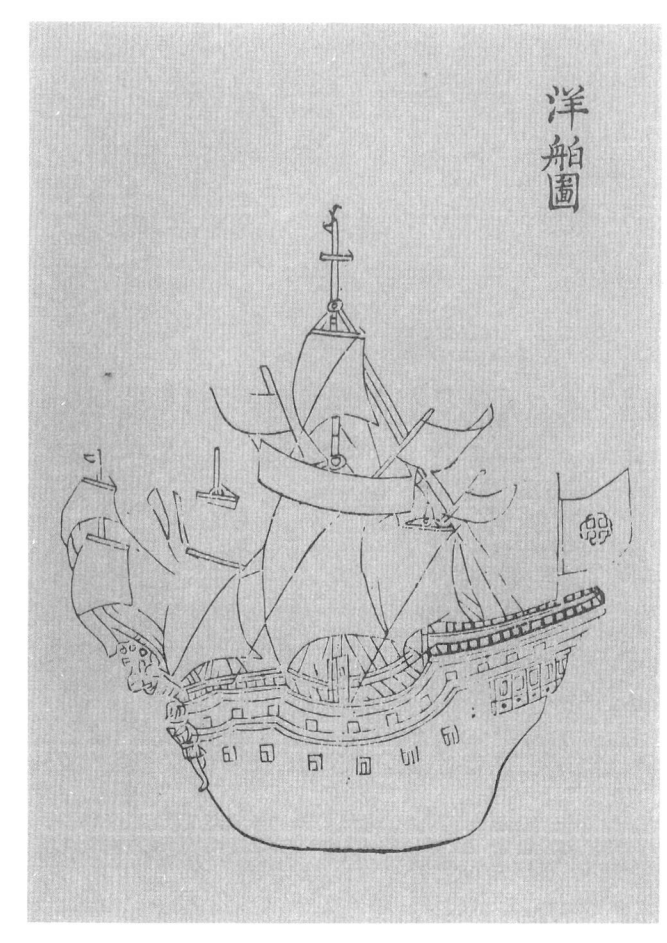

양박도(洋舶圖)
그림출처: 印光任·張汝霖, 『澳門記略』, 光緒丙辰重刊本.

제11수

섣달에도 산꽃들이 흐드러지게 피니,
그물로 만든 가마를 한쪽 어깨에 메고 오네.
누워 구경하다 물으려 하니 그 누가 꽃 이름 알겠는가,
꽃은 피고 지건만 봄바람은 언제나 재촉하지 않네.

臘候山花爛熳開, 網羅兜子一肩來.
臥看欲問名誰識, 開落春風總不催.

‖ 화초는 사시사철 모두 활짝 피어있다. 놀이용 가마는 긴 멜대(扛棒)에 매달린 상자처럼 생겼고, 양쪽에는 작은 문이 있어 들어가면 편안히 누울 수 있다. 지위가 높고 부유한 사람들은 가마에 아름다운 꽃을 칠기로 장식했다. 보통 사람들은 그물로 짠 자루와 같은 가마에 기름과 찰흙을 먹인 천(油布)을 씌우고, 흑인 두 사람이 어깨에 메고 다녔다.(花卉四時俱盛. 遊輿如放長扛箱, 兩傍窗, 入偃臥. 尊富者雕漆巧花. 居常者網羅一兜, 以油布覆之, 兩黑人肩走.)

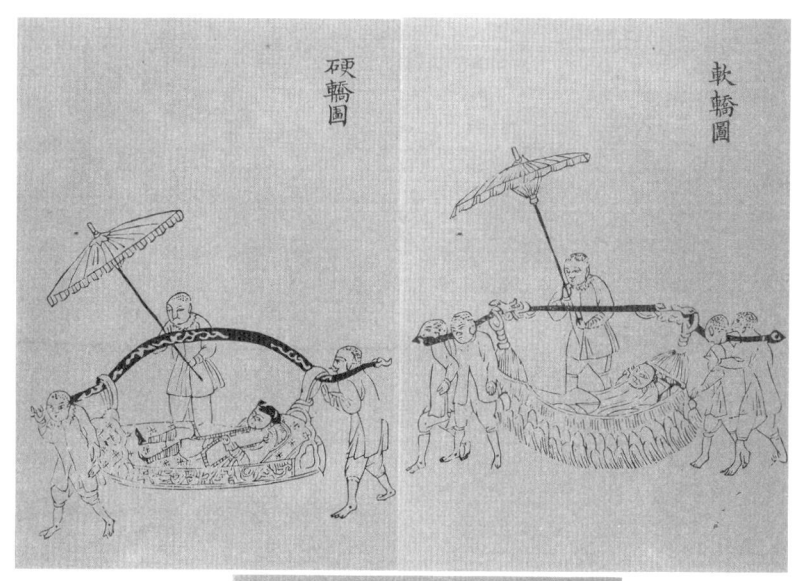

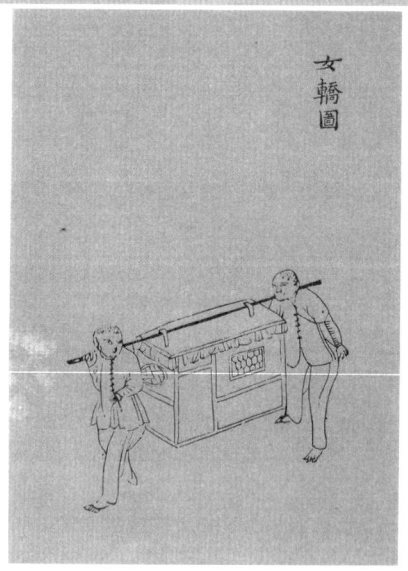

上左: 경교도(硬轎圖)　　上右: 연교도(軟轎圖)　　下: 여교도(女轎圖)
그림출처: 印光任・張汝霖, 『澳門記略』, 光緒丙辰重刊本

제12수

바다 가운데 솟아 있는 작은 청주(靑洲),[1]
사방을 둘러싼 푸른 나무 시원한 바람 자아내네.
어제 건너가 쉬었다가 늦게 돌아오는데,
늦은 밤 불꽃처럼 반짝이는 높은 파도를 건너왔네.

一髮靑洲斷海中, 四圍蒼翠有凉風.
昨過休沐歸來晚, 夜渡波濤似火紅.

∥ 청주는 푸른 나무들이 많아 더위를 피하며 서늘함을 즐길 수 있는 휴양지다. 밤에는 파도가 높아 마치 불꽃이 흩어지고 별빛이 흐르는 듯 했다.(靑洲多翠木, 爲納凉休沐之所. 海濤夜激, 絶如散火星流.)

---

[1] 청주(靑洲)는 마카오의 서북쪽에 위치한 작은 섬. 명 말부터 예수회원들이 휴가를 보내는 장소로 이용되었고, 성당과 작은 동산이 있었다. 지금은 매립되어 육지가 됨.

청주산도(青洲山圖)
그림출처: 印光任·張汝霖, 『澳門記略』, 光緒丙辰重刊本.

제13수

파도에 에워싸인 삼신산(三神山)[1]엔 약초 향기 가득한데,
몇몇 군왕[2]들은 어찌하여 구하지 못했을까?
진나라 때 캐고도 남아 오늘도 푸르니,
약초는 오래도록 자라건만 사람은 이내 사라지고 마네.

浪遶三山藥草香, 如何得誤幾君王.
秦時採剩今猶綠, 藥自長生人自亡.

‖ 삼산은 전설에 따르면 진한시기 불사약을 캐던 곳이라고 한다.
 (三山, 傳說秦漢採藥之處.)

---

[1] 삼신산(三神山)은 중국 전설에서 발해(渤海) 만 동쪽에 위치해 있다는 봉래산(蓬萊山), 방장산(方丈山), 영주산(瀛洲山)을 통틀어 이르는 말.
[2] 진시황과 한무제 등은 불로불사약을 구하기 위하여 동남동녀 수천 명을 보냈다고 함.

제14수

구월에도 서리가 없어 유자 노랗게 익고,
삼동(三冬)에도 비가 내려 비파(枇杷) 익어가네.
겨울철새 날아와 쪼아 먹는 것이 아니니,
재계(齋戒)하고 오후 차 마실 때를 위해 남겨두네.

九月無霜黃橘柚, 三冬有雨熟枇杷.
未須寒鳥頻來啄, 留待淸齋當午茶.

‖ 비파는 겨울철에 익는데, 과육이 적고 시고 부드럽다.(枇杷冬熟, 瘦且酸軟.)

제15수

십자문(十字門)¹⁾ 앞 해는 지려하고,
구주(九洲)²⁾는 저녁노을에 그 모습이 흐려지네.
두 곳을 지나온 과객이여 뒤돌아보지 마시라,
세속을 돌아보지 않으면 눈물도 쉬 마르리니.

十字門前日欲晡, 九洲霞散晚模糊.
人過兩處休回首, 目斷塵間淚易枯.

‖ 십자문과 구주는 서로 마주보고 있다. 이상은(李商隱)이 시에서 "저 바다 밖에 또 다른 세상이 있다는 이야기를 쓸데없이 들었다"고 한 곳이 바로 이것이다. 멀리서 바라보면 사라졌다 나타났다 하는 것이 마치 아홉 개의 푸른 소라처럼 보인다.(十字門與九洲相對. 李義山詩云:"海外徒聞更九州"即此也. 遠望之或隱或見, 如九點靑螺.)

---

1) 십자문(十字門)은 마카오 남쪽에 위치한 서로 이격한 4개의 작은 섬. 바닷물이 그 사이를 메우면 십자(十字)의 모습을 보임.
2) 구주(九洲)는 마카오 동북쪽에 위치한 9개의 작은 섬, 구성주(九星洲)라고도 불림.

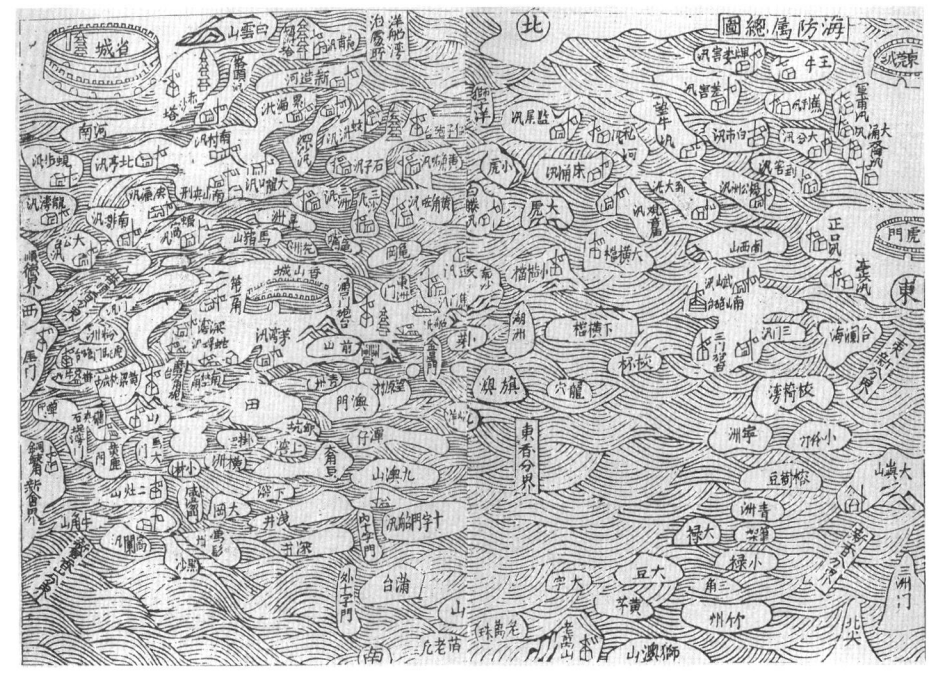

해방속총도(海防屬總圖)
그림출처: 印光任·張汝霖, 『澳門記略』, 光緒丙辰重刊本.

제16수

무지개가 뜨면 다음날 아침 광풍이 일어,
배를 삼킬 듯한 바람이 종횡으로 분다네.
구만 리 길, 바람이 불어 파도가 가는 곳을 모르니,
돌아가는 뱃길에 그 누가 생사를 말하리오.

虹見來朝狂颶起, 呑舟魚勢又縱橫.
不知九萬風濤去, 歸向何人說死生.

‖ 라 선생[1]이 대서양으로 간 것을 이른다.(謂羅先生到大西矣.)

---

[1] 라 선생은 서양에서 온 선교사인 듯하나, 그에 대한 사적은 밝혀지지 않음.

제17수

이 층 침소에서는 삼면으로 소리가 들려오니,
바람 없는 날에도 파도소리 천둥 같네.
오고감은 필경 바다갈매기만 못하지만,
언제나 무리지어 나는 새들 병풍 화폭(畵屛)에 담네.

第二層樓三面聽, 無風海浪似雷霆.
去來畢竟輸鷗鳥, 長保群飛入畵屛.

‖ 이 건물[1]은 삼 층으로, 나는 이 층 방에서 생활하였다.(樓房槪有 三層, 子眠食二層上.)

---

[1] 오어산은 마카오에서 생활하는 동안 성바오로학원의 숙사에 거주했다. 지금은 화재로 소실되어 남아있지 않음.

제18수

인도양¹⁾에서 온 배가 도착하면 객들이 먼저 알고,
앞 다투어 후추를 사려고 황혼녘까지 소란스럽네.
십일 동안 여기저기 모랫길에 펼쳐놓으니,
검은머리 흰머리 짐꾼들은 무리를 지었네.

小西船到客先聞, 就買胡椒鬧夕曛.
十日縱橫擁沙路, 擔夫黑白一群群.

‖ 인도양에서 온 화물이 마카오에 도착하면, 짐꾼들은 이리저리 길을 다툰다.(小西貨物至澳, 擔夫爭路縱橫.)

---

1) 소서(小西) 혹은 소서양(小西洋)이란 인도반도 동서 양안을 총칭하는 말. 마카오의 포르투갈 선박들은 인도 서해안의 고아(Goa), 디우(Diu) 일대에서 무역을 함.

제19수

붉은 여지나무 가지 끝으로 달은 다시 서쪽으로 기울고,
일어나 맑은 바람과 이슬을 마주해도 눈은 여전히 침침하네.
등불 앞 이곳은 학당이 아니고,
들리는 것은 종소리일 뿐 닭 울음소리 아니네.

紅荔枝頭月又西, 起看風露眼猶迷.
燈前此地非書館, 但聽鐘聲不聽鷄.

‖ 황혼과 새벽은 오직 자명종 소리를 기준으로 한다.(昏曉惟準自鳴鐘聲.)

제20수

섣달 밤은 한 해만큼 길지만 한기는 점점 줄어들고,
낡은 이불을 덮으려니 옷이 아직 따뜻하네.
앞산과 뒷 산마루에 종소리가 울려 퍼지면,
잠에서 깬 도인의 한가로운 꿈도 끊어지네.

臘夜如年寒漸短, 舊衾欲覆衣還暖.
前山後嶺一聲鐘, 醒卻道人閒夢斷.

‖ 앞산의 성모 성당에서 작은 종을 치기 시작하면, 각 성당의 큰 종들이 화답한다.(前山聖母堂小鐘打起, 各堂大鐘卽應.)

제21수

한 겨울에도 서설(瑞雪)은 내리지 않고,
언제나 장마철처럼 옷가지를 적시네.
날마다 누각 위에 앉아 물의 기운을 느끼고,
연못 위엔 해우(海雨)의 짠 기운이 더해지네.

九九不飛宜瑞雪, 常如梅候潤衣衫.
樓頭日坐聞龍氣, 池面時添海雨鹹.

∥ 겨울에도 나무들은 시들지 않고, 서리나 눈은 전혀 내리지 않는다.(寒候樹木不凋, 絕無霜雪.)

제22수

험한 산 높은 곳에 올라 홀로 그윽한 곳을 찾으니,
나막신 바닥에서 풍기는 진흙 냄새에 호랑이 숨었을까 두렵네.
무슨 일로 구름은 관갑(關閘) 아래 모랫길을 덮었는가,
갑자기 두려움이 일어 돌아가고자 하는 마음이 생기네.

亂山高處獨幽尋, 屨底泥腥畏虎深.
何事雲遮關下路, 來看恐起憶歸心.

‖ 관갑 입구의 높은 산에 오르면 멀리 동월(東粤) 지역을 볼 수 있다.(關口高山, 登之可望東粤.)

제23수

대유령(大庾嶺)[1]을 넘으면 매화나무가 없어,
반년의 깊은 그리움을 붓 끝에 기탁하네.
어제 그린 매화 그림을 이제 먼 곳의 친구에게 보내려고,
밝은 창 앞에서 다시 펼쳐보네.

經過庾嶺無梅樹, 半載幽懷托筆端.
昨寫今將寄隴客, 晴窓且復展來看.

‖ 오랫동안 매화를 보지 못해, 홀로 빈 고개에 올랐다.(久矣無梅, 獨登空嶺.)

---

[1] 대유령(大庾嶺)은 화중(華中)지구와 화남(華南)지구의 경계를 이루는 남령산맥(南嶺山脈)에 위치한 5개의 높은 고개 중의 하나로 강서(江西)와 광동(廣東) 두 지역이 맞닿는 곳. 매령(梅嶺)이라고도 하며 당(唐) 이후부터 근대까지 광동과 내지를 잇는 중요한 통로로 이용됨.

제24수

매번 가을바람이 일면 조대(釣臺)[1]의 이별을 한탄하고,
두 아이는 제비마냥 각기 흩어졌네.
이때가 되면 모두 서로를 그리워할 것이라 생각하니,
강동(江東)과 절강(浙江)의 노어(鱸漁) 마냥 잇따라 살이 올랐겠지.

每歎秋風別釣磯, 兩兒如燕各飛飛.
料應此際俱相憶, 江浙鱸漁先後肥.

‖ 이때 어린 아이들은 절강과 항주에 살고 있었다.(是時稚兒在浙杭.)

---

[1] 조대(釣臺)는 조어대(釣魚臺) 혹은 자릉대(子陵臺)라고도 부른다. 동한(東漢) 엄자릉(嚴子陵)이 낚시하던 곳으로, 현 절강(浙江) 동려현(桐廬縣) 부춘강(富春江) 변에 위치함.

제25수

수련하며 배우지만[1] 해외에서 온 스승을 만나기 어렵고,
먼 곳에서 온 학생들은 대부분이 아이들이라네.[2]
어찌하여 일과(日課)를 묘시(卯時)와 유시(酉時)로 나누었을까,
조용히 요령 소리를 들으며 아침저녁으로 공부한다네.

性學難逢海外師, 遠來從者盡兒童.
何當日課分卯酉, 靜聽搖鈴讀二時.

∥ 서관(양성 공동체)에는 대학(대신학교)과 소학(소신학교) 과정이 있고, 일과 시간은 묘시와 유시 두 번으로, 동으로 만든 요령을 흔들면 수업을 시작한다.(書館有大學小學, 課讀只卯酉二時, 搖銅鈴上學.)

---

[1] 예수회 초기 단계에서 주로 하는 것은 예수회의 생활과 정신을 배우는 것이므로, "성학(性學)"을 "수련하며 배우는 것"으로 번역하였음.
[2] 예수회는 16, 17세의 소년들을 입회시키고, 십년 이상 양성을 받게 한 다음 선교를 위해 파견하였다. 때문에 성바오로수련원(靜院)의 수사들 대부분은 아동들이었음.

제26수

등불 아래 제 고향 말은 동서양이 서로 달라,
이해하지 못한 바는 필담이면 통하려나.
나는 파리 대가리처럼 쓰고 그대는 파리 다리처럼 쓰니,
가로로 보고 세로로 보아 읽어보지만 더욱 이해하기 어렵네.

燈前鄕語各西東, 未解還將筆可通.
我寫蠅頭君寫爪, 橫看直視更難窮.

‖ 서양의 문자는 마치 파리 다리처럼 생겼다. 글은 횡으로 읽어 나가는데 날카롭고 빠른 소리로 읽는 것이 좋다.(西字如蠅爪, 橫行讀之, 尖疾者上.)

제27수

수많은 등불이 반짝이는 작은 숲 끝,
비단으로 만든 구름과 산봉우리 밀랍으로 꾸민 꽃.
이렇게 꾸민 겨울 산 앞에서 다함께 축하하며 즐기니,
흑인들의 춤사위 비파소리에 화답하네.

百千燈耀小林崖, 錦作雲巒蠟作花.
粧點冬山齊慶賞, 黑人舞足應琵琶.

‖ 겨울 산(을 장식할 때) 나무로 바위를 만들고, 비단으로 산봉우리를 만든 후, 밀랍을 붉은색 남색으로 염색해 꽃과 나무를 꾸몄는데, 그 모습이 임시 무대와 같았다. 흑인들의 노래와 춤은 비파 소리와 서로 잘 어울렸다. 이것은 예수성탄절 전후의 모습이다.(冬山以木爲石骨, 以錦爲山巒, 染蠟紅藍爲花樹, 狀似鼇山. 黑人歌唱舞足, 與琵琶聲相應, 在耶穌聖誕前後.)

제28수

늙어감에 그 누가 젊은 날을 보상해 주리오?
매일같이 배우고 익히지만 더디고 더딤이 두렵네.
오랜 습관 때문이라 여겨 먼저 필묵을 불살라,
그림 그리기도 그만두고 시 짓기도 폐하려네.

老去誰能補壯時, 工夫日用恐遲遲.
思將舊習先焚硯, 且斷塗鴉並廢詩.

‖ 내가 수도 생활을 배우는 것에 대한 허가가 내려졌다.(予學道許定矣.)[1]

---

[1] 오어산은 1683년(康熙 22) 예수회에 입회하여 시몬 하비에르(Simon Xaverius)라는 수도명(修道名)을 받고 수련수사(初學修士; novice)가 됨.

제29수

서양으로 가려던 계획이 이루어지지 않았으니 어찌해야 할까?
마카오에 머물며 겨울과 봄 두 계절을 보냈네.
내일은 향산(香山)에 가서 다시 도선(渡船)을 알아봐야 겠네,
매령(梅嶺)[1]으로 가는 길엔 물길이 많다네.

西征未遂意如何, 滯澳冬春兩候過.
明日香山重問渡, 梅邊嶺去水程多.

‖ 쿠플레 신부는 나에게 함께 서양으로 갈 것을 약속했지만, 마카오에 도착한 후 실현되지 않았다.(柏先生約子同去大西, 入澳不果.)

---

[1] 매령(梅嶺)은 대유령의 다른 이름. 당나라 때 장구령(張九齡)이 고갯길을 정비하고 매화나무를 많이 심어 매령이라 불림.

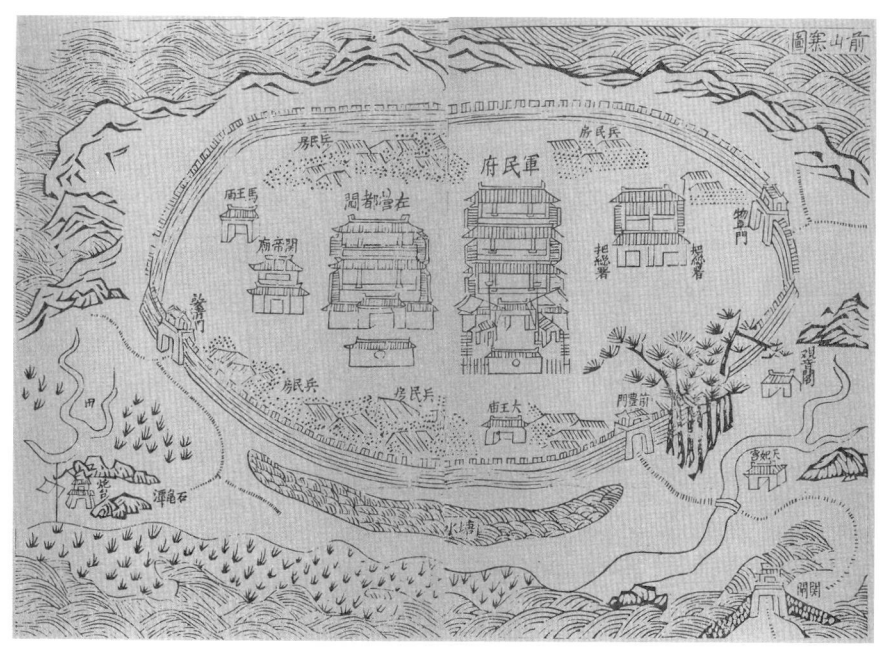

전산채도(前山寨圖)
그림출처: 印光任・張汝霖, 『澳門記略』, 光緒丙辰重刊本.

제30수

강 길은 흐렸다 맑았다 종잡을 수 없지만,
돌아가는 배는 천천히 남창(南昌)[1]으로 내려가네.
뱃사공은 지난겨울에 왔던 길손을 알아보고,
봄날의 물살이 겨울보다 세다고 알려주네.

江路陰晴費較量, 歸帆遲緩下南昌.
榜人還認冬來客, 爲報春流比舊强.

‖ 내가 돌아가는 길에 비가 많이 내렸고, 물이 불어 여정이 지체되었다.(子歸途多雨, 水漲行遲.)

---

[1] 남창(南昌)은 '남쪽의 번창한 도시'라는 뜻을 가진 강서성(江西省)의 중심도시. 파양호(鄱陽湖) 주변에 위치하고 있어 일찍부터 농업과 교통이 발달하였고, 천주교 선교의 중심지.

2부_
『성학시(聖學詩)』

삼파사승도(三巴寺僧圖; 예수회 수사)

판장묘승도(板樟廟僧圖; 도미니크회 수사)

갈사란묘승도(噶斯嘲廟僧圖; 프란치스코회 수사)

용수묘승도(龍鬚廟僧圖; 어거스틴회 수사)

- 자술(自述): 1

나그넷길에 하필 고향을 묻는가,
다행히 마음 통하는 이를 만나 뜻을 잊지 않았네.
빈 주머니 털어 우의(友誼)를 위해 서로 도우니,
한 바가지의 물이 은혜의 원천이라 말씀하시지 않으셨나.

旅途何必問家園, 幸遇知心意勿諼.
囊澀獨慚推解誼, 不云勺水是恩源.

- 자술(自述): 2

수년 동안의 내 노력은 아무런 성과도 없으니,
언제라야 외국과 중국이 모두 은총을 입을까?
그대여 묵묵히 기도하고 언제나 은혜를 생각하며,
선교의 책임이 엄중함을 잊지 마소서.

數載居諸空自勞, 何時夷夏被恩膏.
願君黙禱常思憶, 不負傳宣委任高.

- 일제(佚題): 1

화답송을 부르고 찬양 경배하며 창성할 때를 기다리니,
나그네는 헤어짐에 마음 아파함을 허락지 않네.
불행과 행복은 서로 말미암고 모두 예정하신 것이나,
그 오묘한 이치는 세상 사람들이 알지 못하게 하셨네.

賡歌揚拜待昌期, 旅客無容悵別離.
否泰相因皆預定, 淵機未許世人知.

- **일제(佚題): 2**

세상이라는 바다의 번성하고 쇠락하는 세월 속에,
몸과 마음의 평온함과 괴로움은 서로 같은 것이 아니네.
이제 돛을 돌려 피안(彼岸)에 오르고자하여,
사탄의 파란을 물리치고 아침바람을 맞이하네.

榮落年華世海中, 形神夷險不相同.
從今帆轉思登岸, 摧破魔波趁早風.

- 일제(佚題): 3

형제들과 헤어져 몇 해가 지냈나,
원대한 계획을 대신 세워서 도와주기 어려우니 아쉬워라.
한 줄 편지를 써도 돌아가는 기러기가 없어,
문득 새로운 시를 얻어 묵은 근심을 푼다네.

手足分離幾度秋, 代籌長策恨難周.
一行寫就無歸雁, 忽得新詩解宿愁.

- 일제(佚題): 4

수도원에 머문 지도 어언 삼사년,
여전히 학업에 성취가 없어 상심에 잠기네.
바라건대 주님의 은총으로 서로 바르게 나아가도록 격려하며,
무한한 앞길에서도 함께 자극이 되어 주세.

靜院棲遲三四年, 卑污依舊意愴然.
幾緣主賜相規勵, 無限前程共着鞭.

- 일제(佚題): 5

오천 리 여정이 하늘에 가로 걸린 구름에 끊어지니,
고개를 들어 높고 푸른 열두 하늘을 우러러 보네.
천주의 은덕에 보답하여 작은 봉헌을 드리고자 함이지,
헛되이 주님의 특전을 탐한[1] 것은 아니라네.

五千客路橫雲斷, 翹首穹蒼十二重.
欲效涓埃酬聖德, 非徒心艶紫泥封.

---

[1] 자니봉(紫泥封)은 자줏빛 진흙으로 임금의 조서를 봉하는 것, 즉 임금=주님의 특전을 받는 것을 상징적으로 표현하는 말.

- 일제(佚題): 6

빛나는 천주의 거룩한 이름 세상에 높이 드러내야 하는데,
뜻하지 않게 마장(魔障)을 만나 재앙이 창궐하는 구나.
주님의 영광으로 다시는 누구를 탓할 줄도 모르지만,
꿈에서 깨어나니 걱정이 늘어 애가 끓는구나.

赫赫主名應顯揚, 偶遭魔障禍方昌.
光榮不復知誰咎, 夢覺憂增欲斷腸.

- 일제(佚題): 7

모든 죄악은 종래로 동정의 가치가 없지만,
성경을 말하며 악행을 일삼는 이의 심판은 더욱 엄하네.
지옥으로 난 길을 내달리니 마음은 취한 듯한데,
어느 날이라야 회개하여 천당을 향할꼬.

萬罪從來不足憐, 經言惡表判尤嚴.
奔馳獄路心如醉, 何日頭回向九天.

- 일제(佚題): 8

거룩한 교회¹⁾의 영예(榮譽)가 잇구멍 가운데 매몰되니,
예전 성인께서 기틀을 마련하신 공로가 안타깝네.
삼주도(三洲島)²⁾의 옛 무덤은 지금도 남아있어,
그 속을 바라보며 세태를 한탄할 때 밤바람이 인다.

聖會光埋利藪中, 可憐前聖創基功.
三洲舊穴今猶在, 望裏悲天午夜風.

∥ 성인 하비에르의 묘는 월 땅의 동쪽 삼주도에 있다.(聖人沙勿略墓在粵東三洲島.)

---

1) "성회(聖會)"는 '성 교회', 즉 '거룩한 가톨릭 교회'를 지칭.
2) 삼주도(三洲島)는 광동(廣東) 태산(台山) 상천도(上川島)의 다른 이름. 중국 선교를 위해 일본을 떠난 하비에르는 끝내 중국 땅을 밟지 못하고 이곳에서 병으로 선종.

- 일제(佚題): 9

시간이 흘러 삼라만상이 새로워지니,
조화를 주재하시는 이 그 누구신가.
하나의 근원으로 거슬러 올라가 삼가 밝게 하늘을 섬기고,
큰 은혜를 저버리지도 참된 본성을 잃어서도 안 된다네.

七政遷移萬象新, 主持造化是何人.
一原可溯勤昭事, 勿負洪恩失性眞.

일제(佚題): 10

헛된 세상에서의 시간은 얼마나 될까,
공명과 부귀는 구름처럼 연기처럼 사라지리.
사후의 심판이 있지 않다면,
의를 취하고 인을 보존하신 성현의 공로도 부질없게 되리.

幻世光陰多少年, 功名富貴盡雲煙.
若非死後權衡在, 取義存仁枉聖賢.

- 일제(佚題): 11

공을 이루시어 세상을 구원하시니 온 세상에 봄이 찾아오고,
거룩한 교회의 영광은 날로 새로워지는구나.
눈물을 쏟으며 멀리 기자국(箕子國)[1]을 바라보니,
어깨에 고난의 십자가를 지고 누구를 기다리시는가?

功成救世萬方春, 聖會榮光次第新.
揮淚遙瞻箕子國, 肩承苦架待何人.

---

[1] 기자국(箕子國)은 B.C 1100년경 은(殷)의 유민 기자(箕子)가 한반도에 세웠다는 나라. 여기서는 조선을 지칭함.

- 일제(佚題): 12

의로운 지아비요 길러주신 아버지는 어떤 분이신가?
이날 하늘의 축복을 받아 숭고한 지위에 오르셨네.
중국 땅의 만백성이 그의 전구(轉求)에 힘입어,[1]
사방에 퍼진 교화의 은혜가 때 맞춰 새로워지네.

義夫保父是何人, 晉福崇階此日陞.
漢國群靈資轉禱, 四方敎澤及時新.

---

[1] 1668년(康熙 7) 중국에서 선교하고 있던 신부들이 광주(廣州)에서 회의를 열어 성 요셉을 중국 교회의 수호자로 모시기로 결정하고 로마 교황의 허락을 청하였다. 1678년 8월 16일 교황 인노첸시오(Beatus Innocentius) 11세가 성 요셉을 중국 선교의 수호자로 선포했다. 천주교회는 3월 19일을 성 요셉 중국 주보성인의 축일로 삼음.

- 일제(佚題): 13

이미 늙어 쓸모가 없으니 어찌 큰 성취를 기대할까,
다만 묵묵히 서로 돕고 꽃다운 여러 성인들을1) 섬기려네.
십자가를 지신 예수님을 슬퍼하고 아파하며 마음으로 하나 되어,2)
사탄의 무리를 소탕하고 태평을 찬송하려네.

老朽何堪幾大成, 第隨黙祐侍群英.
神愴苦架思同化, 掃蕩群邪頌太平.

---

1) 군영(群英)은 일반적인 영웅호걸이 아니라 성인들을 의미한다고 보임. 예수회를 창설하신 이냐시오 성인에게 큰 영향을 미친 책 이름에 『성인들의 꽃』이라는 유명한 중세의 책이 있음.
2) 이 시의 이 행은 예수회의 기도전통인 이냐시오 영신수련의 제3주간을 염두에 둔 표현이라고 보인다. 영신수련 제3주간은 "십자가를 지시고 수난하시는 예수님을 관상하는 것"이 주제이고, 이때 수난하신 예수님과 함께 수난하며 그분과 함께 슬퍼하고 아파하는 은총을 청함이다. 뿐만 아니라 예수회 영성의 핵심은 바로 "십자가를 지신 예수님"에 초점이 맞추어져 있기도 하다. 예수회를 창설하신 이냐시오 성인이 "십자가를 지신 예수님과 함께 십자가를 지고 섬기라"는 환시를 본 신비 체험 이래 예수회 영성의 중심은 "십자가를 지신 예수님과 함께 일상의 삶 안에서도 십자가를 지는 것"이 됨.

일제(佚題): 14

누가 사람을 육신에 그친다고 이르는가,
밝은 영혼은 만고에 조락하지 않는 것을.
하느님의 모상이 세상 만물을[1] 일으키니,
고향은 원래 영원한 행복의 정원이라네.

誰道生人止負形, 靈明萬古不凋零.
眞君肖像興群彙, 梓里原來永福庭.

---

[1] "진군초상(眞君肖像)"은 직역하면 참된 임금의 초상이지만, 지금 한국에서 쓰는 용어로는 하느님의 모상이라고 할 것이다. 하느님이 인간을 창조하실 때 육신은 흙으로 만드시고 영혼은 당신과 닮은 모습으로 만드셨다고 한다. 그래서 인간, 특히 인간 영혼을 하느님의 모상이라고 표현함.

- 성모 영보를 경하드림(慶賀聖母領報): 1

세상을 구원하실 큰 기틀 성스러운 잉태로 기원하니,
주 하느님의 오심을 알리는 복음이 홀연히 전해졌네.
천지자연의 법칙에 얽매이지 않으시고 동정녀로 수태하니,
오랫동안 닫혔던 하늘길이 지금 비로소 열렸네.

救世宏基肇聖胎, 福音乍報主神來.
乾坤莫囿貞懷蘊, 久扃天衢今始開.

- 성모 영보를 경하드림(慶賀聖母領報): 2

영원한 행복의 문이 이 날 열리고,
천사가 하느님의 뜻을 알리려 하늘에서 내려오셨네.
나사렛의 마리아에게 문안 인사드리고,
만물의 참 임금이 거룩한 모태에 강생하셨네.

永福之門此日開, 尊神報命自天來.
肋霞郡內朝元后, 萬物眞君降聖胎.

- 잡영(雜詠): 1

조용히 청산을 마주하여 화폭에 담으니,
첩첩한 산봉우리 사이로 푸른 구름 펼쳐졌네.
손톱 같은 초승달이 소나무 사이에 걸렸고,
멀리 작은 배에서 노랫소리 은은히 들려오네.

靜對靑山入畫圖, 層巒聳處翠雲鋪.
一鉤新月松間掛, 隱隱扁舟唱晚歌.

- 잡영(雜詠): 2

정이 깊어 우러러 그리워하며 헛된 노력을 탄식할 때,
수도원을 둘러싼 돌담장은 아득히 높기만 하구나.
이날 돛을 올린 배는 어디로 가는가,
먼 곳 바라보니 마음은 혼란스럽고 파도는 도도하네.

情深仰止歎空勞, 隔院巖牆萬丈高.
此日掛帆何處去, 凝眸心駭浪滔滔.

- 잡영(雜詠): 3

나란한 배들이 높은 파도를 헤치고,
섬 밖 사람들은 기쁜 마음으로 네 호걸[1]을 바라보네.
고향만이 나를 알아주는 곳,
모범이 되기는 아득히 멀고 부족한 질그릇이라네.[2]

橫舟衝破萬層濤, 島外人歡觀四豪.
只有故園知己處, 表儀苦遠少甄陶.

---

[1] 바오로성당 파사드 2층에 봉안된 예수회의 네 성인 이냐시오 로욜라, 프란치스코 하비에르, 보르하, 알로이시오 곤자가를 가리키는 것으로 보임.
[2] 성경에서는 자주 인간을 질그릇에 비유하고 하느님을 그 질그릇을 빚어 만드시는 옹기장이에 비유함. (예) 옹기장이가 다시는 주워 맞출 수 없게 질그릇을 깨 버리듯이, 내가 이 백성과 도성을 그렇게 부수겠다.(예레미야서 19:11), 어찌하여 옹기장이 손이 빚어낸 질그릇처럼 여겨지는가?(애가 4:2), 하느님께서는 질그릇 같은 우리 속에 이 보화를 담아주셨습니다.(고린토2서 4:7)

- 잡감 오절(雜感五絶): 1

세태는 어찌 이리도 슬픈가,
본디 바탕을 잃은 모습 어둡고 아득하구나.
오상(五傷)의 은혜는 지극히 큰데,
그 누가 티끌만큼이라도 기억하고 보답하려나.

世態曷堪哀, 茫茫失本來.
五傷恩甚大, 誰憶報涓埃.

- 잡감 오절(雜感五絶): 2

굳은 의지로 성부와 성자와 성령의 은총을 받들고,
곧은 마음으로 일곱 가지 은혜[1]를 갖췄네.
지금은 영신의 즐거움(神樂)을 누리는 곳에 머물지만,
후에는 천당(太平城)에 들 것이네.

毅志承三寵, 貞心備七恩.
今居神樂地, 後入太平城.

---

[1] 칠은(七恩)이란 견진성사를 통하여 받는 무형의 선물로 슬기, 통찰, 의견, 지식, 용기, 효경, 경외심을 말함.

- 잡감 오절(雜感五絶): 3

고인은 뵐 수 없지만,
지척이 옥문관¹⁾이라.
배움에 대한 주림과 갈증이 깊어가는 곳,
자명종이 울리지만 밤은 아직 다하지 않았네.

故人不可見, 咫尺玉門關.
飢渴情深處, 鐘鳴夜未闌.

---

1) 옥문관은 지금의 감숙성(甘肅省) 돈황(敦煌) 서쪽으로 실크로드 북로의 관문.

- 자술오율(自述五律)

이내 몸은 고향을 떠나 타향에 있지만,
마음은 가까이 있는 듯 떨어져 있는 듯.
그리움이 일면 언제나 침묵 중에 기도드리고,
이마를 땅에 대고 절을 하며 번갈아 「시편」을 읊네.
세 번 종이 울리고 나면,
일곱 번 무릎 꿇고 경배하는 시간이 되네.
오직 주님의 뜻을 받들어 행하니,
질박한 생활 속에도 즐거움이 있다네.

睽隔關山外, 心神在卽離.
縈情常默禱, 頂祝代吟詩.
三擊鈴鐺後, 七番叩拜時.
承行惟主旨, 衡泌樂棲遲.

- 교우 곽에게 주다(贈郭)

영원한 행복의 문이 이날 열리고,
은총의 빛과 축하가 하늘에서 내리네.
오랜 악습을 없애고 사탄의 군대를 물리치고,
참된 양식을 받아 들여 성태(聖胎)를 맺었네.
귀하도다! 이름을 의로운 아들의 명부에 올림이여,
영광되도다! 마음속에 큰 임금(천주)의 제대를 지음이여.
그대가 세상 사람들의 바람을 위무할 수 있고,
크고 너른 집이 지금 필요로 하는 돌기둥임을 알겠네.

永福之門此日開, 寵光共慶自天來.
刪除舊染摧魔陳, 旋亨眞糧結聖胎.
貴矣名登義子籍, 榮哉心作大君臺.
知卿堪慰蒼生望, 廣廈今需柱石材.

- 세상을 떠나신 스승 주 신부님을 기리며(頌先師周鐸)

용성(茸城)[1])에 은거했던 기인(奇人)을 우러러 그리워하네,
선교를 위해 먼 곳에서 오시니 교화의 은택이 새로워졌네.
푸른 물이 얼던 밤 처음 중국 땅에 오시어,
하얀 모래사장이 낮인데도 어두울 만큼 이미 성을 이루셨네.
오십년간의 큰 공로는 동쪽 땅에서 빛났고,
칠년간이나 자상하게 저를 감화시키셨네.
어느 날이라 천국에서 다시 모여,
아련한 스승님과 웃으며 이야기할 수 있으리오.

茸城晦跡仰奇人, 秉鐸遐方敎澤新.
鴨水夜凝初入國, 鷺沙晝暗已成城.
五旬勳業輝東土, 七載慈祥感下民.
何日天朝重聚首, 依稀函丈笑言親.

---

[1]) 용성(茸城)은 오늘날 상해(上海) 송강현(宋江縣)의 다른 이름.

- 성 요셉 찬미(讚聖若瑟): 1

천사의 부르심에 놀라 꿈에서 깨어나셔,
창졸간에 삭풍을 맞으며 길을 나서셨네.
동짓달 추위가 옷 속으로 파고들어 몸은 피곤하고,
연이은 험한 산봉우리 가로막아 길조차도 막혔네.
잠시 늙은 말에 의지하여 길을 찾으며,
살며시 어머님께 거룩한 몸(아기 예수) 계신 곳을 여쭙네.
이때의 처량함을 무어라 형언할꼬,
흰 구름 동쪽으로 청산이 가렸네.

神呼驚起夢魂中, 倉卒登程伴朔風.
霜月侵衣身欲憊, 峰巒阻險路方窮.
姑憑老馬尋迷道, 潛向慈親問聖躬.
此際凄凉不可訴, 靑山隱隱白雲東.

- 성 요셉 찬미(讚聖若瑟): 2

고생을 참고 견디시며 삼십년을 일하셨고,
가난한 살림을 책임지고서도 허물없었음에 감사하네.
공을 이루셨으니 응당 하늘의 은총이 있으리니,
죽음이 찾아와도 어찌 세태에 구애될까.
정결한 배필 바라보며 의지하니 위안은 절로 배가되고,
자애로운 하느님의 가호와 은총은 말하기 어려워라.
천고의 세월을 돌아보건대 유명한 성인 많았으나,
이날의 은총과 영광은 그 누가 비견될까.

茹苦勤勞三十年, 家寒擔荷謝無愆.
功成應有天榮賞, 死至何容世態牽.
淨配瞻依慰自倍, 慈君呵護寵難言.
試觀千古多名聖, 此日恩光誰比肩.

- 교우를 축복함(賀友)

숭고한 품계를 차근차근 오르시니 은총은 한이 없고,
큰 재목을 넘어 동량이 되셨네.
강연에 참석하여 거침없이 성경의 말씀을 전하시고,
성대한 경축 전례에서 주의 은총과 영광을 찬양하시네.
일곱 현인[1]의 옛 공적은 얼마나 아득한지,
부제(副祭)품에 처음 올랐으니 사제가 되시길 바라네.
다른 날 사제가 되시어 덕행으로 교화를 베푸신다면,
큰 공훈과 위대한 업적은 헤아리기 어려우리.

崇階穩步寵無疆, 簡越洪材任棟梁.
浩浩經言參講席, 煌煌祝典贊龍光.
七賢古績風何遠, 六級初登望自長.
秉鐸他年宣德化, 鴻勳偉業不堪量.

---

[1] 일곱 현인은 성 이냐시오 데 로욜라와 함께 예수회를 창설한 프란치스코 하비에르, 피에르 파브르, 디에고 라이네스, 알폰소 살메론, 니콜라스 알폰소 보바디야, 시몬 로드리게스.

- 교황의 복벽 소식을 듣고(聞敎宗復辟)

등불은 온 산에 가득하고 성전은 활짝 열렸고,
바닷가 예포 소리 가을 우레를 놀라게 하네.
교황의 복벽[1]으로 다툼이 평정되니,
반가운 소식이 멀리 하늘 밖에서 들려왔네.

燈火滿山殿宇開, 海濱砲震駭秋雷.
宗君復辟干戈定, 喜報遙從天外來.

---

[1] 1689년 교황 알렉산데르(Alexander PP; 1689~1691 재위) 8세가 즉위.

- 거룩한 교회의 은혜에 감사하며
(感謝聖會洪恩) : 1

지극하신 예수님의 사랑, 세상의 침몰을 근심하시네.
영광을 감추시고 내려오시어, 크나큰 고통을 받으셨네.
당신은 고난의 십자가를 지시고, 자신을 희생으로 삼으셨네.
남은 은총 한이 없어, 다시 뛰어난 사람들을 뽑으셨네.
뒤를 이은 사도들 가르침을 전하니, 그 족적 온 세상에 퍼졌네.
어리석음을 크게 깨우치니, 삼라만상이 새로운 생명을 얻었네.
크고 혁혁한 공적, 천고에 새로우시네.
자신의 영광을 위함이 아니라, 주님의 이름을 영원히 드러내기 위함이시네.

至哉爾慈, 憫世沈淪. 韜榮下降, 備受艱辛.
臺乃苦架, 身作犧牲. 餘恩靡旣, 再選奇人.
繼徒敷敎, 跡遍乾坤. 冥蒙丕啓, 萬象回春.
宏功懋績, 千古猶新. 非圖本耀, 永顯爾名.

- 거룩한 교회의 은혜에 감사하며
(感謝聖會洪恩): 2

찬란하게 빛나는 믿음의 빛이요, 어둠 속의 참된 빛이어라.
원수의 무리들 선동하는 곳, 온 세상이 어둡고 아득하네.
큰 은혜를 베푸시어, 법을 세우시고 잘못을 바로잡으셨네.
성현들이 모두 모이시니, 대의가 아름답게 펼쳐지네.
명망 높은 예수회원들, 굳건히 교리를 지키셨네.
위로는 하느님의 뜻에 따르고, 아래로는 국왕에게 협력하시네.
황하 중류의 지주산(砥柱山)[1])과 같이, 거친 물결을 두려워하지 않으시네.
큰 말씀이 모두 갖추어졌으니, 공경하여 지키고 잊지 않겠네.

煌煌信耀, 暗冥眞光. 仇徒煽處, 擧世茫茫.
洪恩丕錫, 垂法以匡. 聖賢畢集, 大義皇皇.
會修名士, 持論剛方. 上符神指, 下協侯王.
中流砥柱, 不畏瀾狂. 鴻詞具在, 欽守不忘.

---

1) 지주(砥柱)는 중국의 하남성 황하 중류에 있는 지주산(砥柱山)을 말하는 것으로 황하가 범람할 때마다 탁류가 이 산에 부딪치나 쓰러지지 않는 데서 충절을 이 산에 비유함.

- 사도 성 시몬을 찬미함(讚宗徒聖西滿)

애굽 땅에서 선교 사업을 시작한 이 누구신가,
감화를 받은 애굽과 페르시아 교화의 은택이 새로웠네.
공적은 대사도들에게 부끄럽지 않으셨고,
존경과 영광의 마음으로 성모 마리아를 흠모하셨네.
길에서 막내를 만나니 그의 공도 함께 드러나고,
말씀으로 삿된 무리를 제압하니 도가 비로소 진실해졌네.
광풍과 우레가 몰아치던 그날을 생각하니,
천국으로 난 길을 천천히 나아가시니 즐거움이 끝이 없으셨겠네.

日多創業是何人, 被化名邦敎澤新.
勳績不慚大主弟, 尊榮共羨母皇親.
途逢季子功同顯, 語壓邪徒道始眞.
獨憶風雷乍震日, 天衢穩步樂無垠.

- 성 이냐시오(Ignatius de Loyola, 聖依納爵)

군사상의 공적을 좇고, 궁정 신하로 지냈으나, 평소 명문가 출신임을 가벼이 여기셨다. 재물과 여색을 버리고, 세상의 영예를 물리치고 성모 마리아의 가르침을 잘 지키셨다. 뜻을 같이 하는 열 분과 함께 위대한 사업을 일으키셨다. 영신수련을 저술하고 많은 도움을 주셨으며[1] 삼절(三絶; 絶財-청빈, 絶色-순결, 絶意-순명)의 서원을 바쳤다. 영재를 육성하고, 번거로운 소임들을 처리하면서[2] 스승이자 벗으로 그 마음을 다하셨다. 영적 지혜를[3] 넓히시고, 세상사에 통달하시어, 복음을 널리 선포하는 본체(體)와 적용(用)을 모두 갖추셨다. 이에 찬송하여 이르길:

인간세상 사랑의 불꽃이요, 임금(주님)을 가까운 곳에서 모시는

---

[1] 이냐시오의 삶의 흐름을 요약하고 있는 문맥상, 이 구절에서 "수(修)"는 영신수련을 의미하며 "저(著)"는 『영신수련』 저술을 의미하며, "홍(洪)"은 여러 사람들에게 이냐시오가 자신의 영신수련 체험을 그들도 할 수 있도록 "도와줌"을 의미함.

[2] 이 구절은 예수회 총장으로서 맡은 바 소임, 업무들을 처리한 것을 가리킴.

[3] "총명(聰明)"은 문자적으로 귀와 눈이 밝음을 뜻하지만, 이냐시오의 영성에서 특히 상상력을 통한 관상(contemplation)의 차원을 언급하는 것으로 해석될 수 있다. 즉, 예수의 일을 관상하면서 자주 "상상의 눈으로 보고 상상의 귀로 들으라"고 권한 것이다. 이것은 영적 독서를 할 때 단순한 '지식'보다 영적인 '지혜'(sapiential reading)를 얻도록 강조한 것과 통함.

신하이셨네.
비범하고 탁월하셔라, 세속을 버리고 청빈을 품으셨네.[1]
은둔과 현현을 겸한 수도생활, 정결하고 특출하셨네.
맑은 거울처럼 단정하시고, 구원(久遠)의 별처럼 의연하셨네.
극기로 좋은 귀감이 되고, 인내로 본받을 모범이 되셨네.
온 세상을 돌보고 품으셨으며, 우매한 백성을 즐겨 이끄셨네.[2]
낡은 관습을 베어 없애고, 마군의 병사를 물리치셨네.
측은지심을 온전히 회복하시고, 원망과 분란에서 해방하셨네.
흔쾌히 고난의 십자가를 지고, 성심(聖心)에 마음 모아 응답하셨네.
사도들의 아름다운 발자취, 걸음걸음 곧잘 따르시었네.
겸손하게 자기를 낮추고 양보하여, 훌륭한 품덕으로 평화롭게 하셨네.
문장은 지극히 찬란하며, 오묘한 도리에 깊이 통달하셨네.
견고한 진영을 진압하시고, 뒷사람들을 크게 계도하셨네.
진실로 뛰어난 지혜를 갖추신 모범이시며,
공평하고 의로운 저울이시네.
뜨거운 마음으로 주를 섬기는 모범이요,
깊이 미혹된 세상을 밝히는 빛나는 등불이시네.
모든 덕을 갖추셨을 뿐만 아니라,
실로 성스러운 교회의 믿음의 간성이시네.

述武功, 充宿衛, 素輕門第之高. 棄財色, 謝世光, 克守母皇之訓. 共

---

[1] "초기발췌(超奇拔萃)"는 비범하고 탁월한 것을 가리키는 것으로, 이냐시오의 영성에서 강조되는 '더(magis)'를 표현한 것으로 보임.
[2] 온 세상을 품음은 이냐시오가 시성될 때 당시 교황이 시성의 이유로 꼽은 이유 중 하나이다. 온 우주를 품을 만큼 관대한 마음의 소유자였다는 것임.

興偉業, 同志十人. 丕著洪修, 要規三絕. 育英才, 理煩劇, 師友之精神均竭. 廣聰明, 通世務, 敷宣之體用咸宜. 爰爲之頌曰:

人間愛火, 主座近臣. 超奇拔萃, 棄俗神貧.
修兼隱顯, 貞潔精瑩. 重端明鏡, 剛毅堅星.
齋克良式, 忍耐儀型. 眷懷普世, 樂引愚民.
芟除陋習, 摧敗魔兵. 整復惻隱, 釋怨解紛.
忻荷苦架, 翕合聖心. 宗徒芳武, 步步克繩.
謙卑遜讓, 盛德和平. 文章極燦, 透達奧情.
鎭壓堅陳, 大啓後人.
眞上智之指南, 公義之平衡.
熾心事主之至範, 沈迷世海之耀燈.
不特諸德之總滙. 實聖敎會信德之干城.

이냐시오 로욜라
그림 출처: THE JESUIT CURIA IN ROME(http://www.sjweb.info)

- 성 프란치스코 하비에르(Francis Xavier, 聖方濟各·沙勿略)

쾌락을 멀리하고 고난을 달게 받고, 청빈함을 취하고 부귀함을 버리셨네. 온 마음을 중국에 쏟으셨고, 인도에서 선교를 시작하셨네. 낯선 땅에 두터운 은혜를 전하시고, 천고에 (주님의) 거룩한 이름을 드러내셨네. 찬미하여 이르길:

특별히 선택된 도구이시며 거룩한 가르침의 주춧돌이시네.
구세주를 따라 극심한 고통을 짊어지셨네.
성부의 영광과 성령의 특별한 은총을 받으셨네.
사적인 세속 잡사는 모두 줄이고 오사(五司)[1]는 공고히 하셨네.
양떼들을 소중하게 돌보심은 성조(이냐시오)와 한가지셨네.
널리 복음을 전하시니 어찌 자그마한 보탬이라 하리오.
미혹된 길을 지적하여 무너뜨리시니 마치 큰 불과 같으셨네.
우리 백성을 깨우치시어 모두 천국을 생각하게 하셨네.
예수회의 동량일 뿐만 아니라,
진실로 아시아의 자애로운 아버지이시네.

---

[1] 오사(五司)는 이냐시오 『영성수련』 121-125에서 말하는 상상력의 오감(五感; 시각, 청각, 후각, 미각, 촉각)을 활용한 기도를 공고히 함을 말함.

辭樂迍艱, 就貧棄富. 神注中華, 鐸開印度. 流厚澤於殊方,
揚聖名於一亙古. 讚曰:

特選之器, 聖教柱礎. 隨救世主, 擔荷劇苦.
聖父光榮, 聖神特寵. 私累胥損, 五司鞏固.
重顧群羊, 一如聖祖. 廣佈福音, 豈曰小補.
指破迷途, 宛然巨火. 振醒吾民, 咸思安土.
非止本會之棟梁, 實乃亞西亞之慈父.

프란치스코 하비에르
17세기. 고베시박물관 소장.

- 성 요한, 바오로, 야고보 일본에서의 순교
(聖若望, 保祿, 雅各伯日本國致命)[1]

보배로운 십자가 우뚝 솟아있고,
촘촘히 늘어서 찬란하게 빛났네.
동쪽 나라의 세 개의 별,
참으로 난형난제라,
나가사키에서 함께 의로운 피를 쏟으셨네.

寶架懸空, 森列燦然.
東國三星, 洵矣難兄難弟, 長奇義血同傾.

---

[1] 1597년 3명의 예수회원 성 요한 데 고토(1578~1597), 성 바오로 미키 수사(1564~1597), 성 야고보 기사이 수사(1533~1597)를 포함한 26명의 신자들이 나가사키에서 십자가 처형을 받았다. 2월 6일은 일본에서 순교한 41명의 예수회원을 위한 기념일.

성 바오로 미키

성 요한 데 고토

- 성 프란시스코 보르하(Francisco de Borja, 聖方濟各·玻爾日亞)[1]

성현께서는 인간세상의 헛된 영화를 가볍게 여기셨지만,
주님의 제대에 쌓은 위대한 공적은 눈부시도록 뛰어나셨네.
공작(公爵)의 작위는 하찮게 여기셨지만,
가슴 속 깊이 품은 정결한 서원은 옥돌처럼 견고하셨네.
아름다운 가르침은 영원히 자녀에게 엄숙히 물려주시고,
넓으신 안목으로 청년들 교육을 제일 중시 하셨네.
위대한 사업 지금 어디에 있나 슬퍼하지 않고,
맑은 눈으로 자세히 살피시어 세상을 개조하셨네.

人世虛榮薄聖賢, 主臺偉業燦雲煙.
侯王祿位泥沙視, 貞潔襟期玉石堅.
懿訓永垂嚴子女, 洪圖首重毓英年.
勿悲巨制今何在, 拭目來觀再造天.

---

[1] '예수회 제2의 창립자'로 존경받는 성 프란시스코 보르하 사제(1510~1572)는 발렌시아 왕국의 명망가에서 태어났다. 예수회 3대 총장으로 선출되어 재임 7년 동안 예수회를 가톨릭 개혁의 기수로 이끌었고, 해외 선교에 예수회의 참여를 독려했다. 그의 기념일은 10월 3일.

성 프란시스코 보르하
THE JESUIT CURIA IN ROME(http://www.sjweb.info/)

- 성 스타니수아프 코스트카(Stanislaus Kostka, 聖達尼老·格斯加)[1]

세속을 벗어나 맑고 깨끗하니 그 뜻 미혹되지 않으셨고,
어린나이로 도를 깨우치니 은총이 특별하셨네.
주님의 부르심을 식별하여 먼저 부모님과 작별하고,
지팡이 짚고 훌쩍 멀리 스승을 찾아 나서셨네.
믿음이 굳건하여 천상의 맛을 음미하시고,[2]
몸이 건강해졌으니 어찌 세상의 의사를 마주하겠는가.
팔 개월의 수련이 짧다고 이르지 마시라,
아름다운 이름을 우러러 찾아가심은 만고에 드문 바네.

瀟灑離塵志不迷, 髫齡悟道寵恩奇.
知機審矣先辭父, 攜杖飄然遠訪師.
神健緣嘗天上味, 身安豈對世間醫.
勿云八月功修少, 仰溯芳名萬古稀.

---

[1] '예수회 수련자들의 주보 성인' 성 스타니수아프 코스트카 수사(1550~1568)는 폴란드 귀족 가문 출신으로 17세 때 예수회 입회를 위해 독일로 갔고, 18세의 어린 나이에 요절하였다. 코스트카가 예수회의 수련자로 살았던 기간은 1년이 채 되지 않았지만 그의 기도는 순수했고, 하느님과의 일체감이 강했다. 11월 13일은 그를 위한 기념일.

[2] 이냐시오는 『영신수련』에서 "우리 영혼을 가득 채우고 만족시키는 것은 많은 것을 아는 데 있지 않고 어떤 것을 내적으로 느끼고 맛들이는 데에 있기 때문이다."라고 하였다. 영적으로 맛을 음미한다는 말은 이냐시오 영신수련에서 중시되는 표현임.

성 스타니수아프 코스트카
THE JESUIT CURIA IN ROME(http://www.sjweb.info/)

- 성 알로이시오 곤자가(Aloysius Gonzaga, 聖類斯·公撒格)[1]

꽃 같은 나이에 주님의 부르심을 받으시고,
뜻을 세워 성모님께 봉헌하셨네.
학업으로 선배들을 빛나게 하시고,
스승으로 뒷사람들에게 관대하게 도움을 주셨네.[2]
영예를 사양하시길 독을 피하듯 하셨고,
정결을 온전히 하시길 속세를 벗어난 듯하셨네.
오 년 쌓은 공적이 길지는 않았으나,
오랜 세월 그가 미친 은덕은 그 혜택이 날로 새롭네.

英年蒙寵召, 矢志獻慈親.
學業光前輩, 師資裕後人.
辭榮如避毒, 全潔在離塵.
五載功非久, 千秋德澤新.

---

[1] '학생들의 수호자' 성 알로이시오 곤자가(1568~1591) 수사는 이탈리아 북부의 롬바르디아의 귀족가문에서 태어나 18의 나이로 예수회에 입회하였다. 1591년 페스트와 기근이 이탈리아를 덮쳤을 때 곤자가 수사는 페스트 환자를 돌보다가 감염되어 선종하였다. 그의 기념일은 6월 21일.

[2] 이냐시오 영성에서 핵심어 중 하나는 '도움'과 '관대함'임을 고려할 때 "資"는 도움을 주는 일, "裕"는 관대함을 의미하는 것으로 보임.

성 알로이시오 곤자가
THE JESUIT CURIA IN ROME(http://www.sjweb.info/)

- 성 장프랑수아 레지스(Jean Francois Regis, 聖方濟各・來日斯)[1]

성덕은 어려서부터 조짐을 보였고, 단정하고 정직하셨네.
모범이 되심은 노대가(老大家)를 넘어섰고, 정숙하고 평화로우셨네.
성모를 사랑하고, 수호천사를 공경하며, 언제나 급한 일을 맡으셨네.
빈궁을 구제하고, 환난을 도우며, 늘 변함없이 규율을 지키셨네.
곳간이 비워지면 다시 가득 채우시니,
어진 마음에는 언제나 주님의 도움이 있다네.
모든 사람들이 환영하고 멀리까지 전송하니,
거룩하신 이름이 뛰어난 공적과 부합하셨네.
진실로 성교회의 동량이시며,
티끌 세상의 순결한 영혼이셨네.
이 세상 사랑의 불꽃이요,
후학들의 모범이셨네.

聖德兆童年, 端方正直. 儀型超老宿, 貞肅和平.
愛慈親, 敬守神, 居恒切務. 濟貧窮, 扶患難, 朝夕常規.

---

[1] '순회 선교사'로 활동한 성 장프랑수아 레지스 사제(1597)는 프랑스에서 태어났다. 19살에 예수회 수도자가 되었고, 프랑스 남부 지역에서 선교하다가 1640년에 선종했다. 그의 기념일은 7월 2일.

倉箱告匱而復盈, 仁心自有主助.
士庶歡迎而遠送, 聖名恰合奇功.
是固聖會之棟梁, 塵世之純神.
寰區之愛火, 後學之楷模.

성 장프랑수아 레지스
THE JESUIT CURIA IN ROME(http://www.sjweb.info/)

- 교우를 축하하며(賀友)

이 몸은 구름 흩어진 만 리 밖 영남(嶺南)[1]에 있고,
그대는 고산(孤山)[2]에서 두 해를 보내셨네.
물길을 거슬러 올라가도 시원을 찾지 못해 탄식할 때,
그분은 강물 저쪽에 계시네.
기러기 반가운 소식을 전해오니,
영광스럽게 높은 차부제(次副祭)품에 오르셨다네.
교회의 기둥으로 쓰이신다니,
과연 하느님 나라의 동량이라 하겠네.

雲斷嶺南萬里, 孤山兩度星霜.
嗟歎溯洄無自, 伊人在水一方.
雁足傳來好信, 巍峨五級榮登.
用作鹽梅舟楫, 果然上國之楨.

---

[1] 영남(嶺南)은 화중(華中)지구와 화남(華南)지구를 나누는 남령산맥(南嶺山脈)의 남쪽, 즉 광동성과 광서성 일대를 말한다. 당시 오어산은 마카오에서 생활하고 있었음.
[2] 고산(孤山)은 항주(杭州) 서호(西湖) 북서쪽에 위치한 높이 38미터의 작은 산으로, 서호10경 중의 하나이다. 항주는 강남지역 천주교 선교의 중심지.

- 성교회의 진리를 노래하다
(感詠聖會眞理): 1

삼위일체는 근본 되는 신비를 품고 있고,
성경은 오묘한 능력을 열어주네.
생활의 충족함은 진실한 의리(義理)가 아니고,
천국이야 말로 참된 의지처라네.
중도에 타락한 일에 대해 땅을 치며 탄식하니,
천주께 회두(回頭)하여 함께 천국에 오를 수 있게 허하셨네.
광명과 함께 큰 복을 마련해 두셨으니,
나보다 앞선 많은 분들 그 복을 받으셨네.

三一含元妙, 靈樞啓妙能.
厚生非了義, 歸極是眞憑.
搏土嗟中落, 回天許共昇.
緝熙純嘏備, 先我有人曾.

- 성교회의 진리를 노래하다
(感詠聖會眞理): 2

세상이 처음 창조되고,
땅은 그 중앙에 위치하였네.
사계절에 봄날이 오래 지속되니,
봄여름가을에도 바쁠 필요가 없었다네.
이승의 삶이 모두 지극한 즐거움이었고,
그 수명도 끝이 없었다네.
낙원을 찾기 어렵다 탄식마시라,
지금 다시 강녕(康寧)을 내리셨으니.

寰區初建造, 有地位中央.
四序長春在, 三時日不忙.
此生皆極樂, 其壽亦無疆.
莫歎難尋覓, 於今復降康.

- 성교회의 진리를 노래하다
(感詠聖會眞理): 3

밝은 해가 처음 떠오르니 오랜 비는 그쳤고,
봄바람이 불어오니 이미 겨울은 지났네.
맑은 시냇물을 청동으로 만든 황소 위에 담고,[1]
광야에서 구리 뱀을 만들어 들어 올리셨네.[2]
일만(一萬)의 화살이 슬픈 울음을 그치게 하고,
삼봉(三鋒)이 노한 기색을 거두게 하시네.[3]
영원한 생명을 이젠 희망할 수 있게 되었으니,
물을 뿌려 쌓인 먼지를 씻어내고자 하네.

晴日初收雨, 春風已過冬.
靑溪沈寶犢, 曠野擧銅龍.
萬箭消悲泣, 三鋒息怒容.
常生今有望, 泱濯出塵封.

---

[1] 성경 역대하 4:1-7.
[2] 성경 민수기 21:6-9.
[3] 삼봉(三鋒)은 세 갈래의 끝이 날카로운 병기를 말하는 듯하나 구체적인 것은 확인할 수 없고, 이 구절의 전체 내용 또한 명확하지 않아 독자 제현의 고견을 기다린다.

- 성교회의 진리를 노래하다
(感詠聖會眞理): 4

즐거운 나라에서 풍성한 연회를 준비하시고,
미천한 이를 가까이 부르시네.
보리빵을 먹음은 소찬이 아니고,
포도주에 취함은 마침이 없네.
구슬달린 면류관은 해와 달과 별처럼 빛나고,
금빛 나는 제의(祭衣)엔 오색 수가 놓였네.
제대 앞에 늘어선 덕 있는 분들,
아침과 저녁 환한 모습을 가까이 하네.

樂國豊筵備, 傳呼起側微.
麥膏餐不素, 萄酒醉無歸.
玉冕三光爛, 金衣五色圍.
臺前多有德, 朝夕近容輝.

- 성교회의 진리를 노래하다
(感詠聖會眞理): 5

천상의 신비로운 음악이 울려 퍼지니,
하느님 백성들의 영들은 기쁨으로 넘치네.
악기가 연주되고 쇠 호각소리 맑게 퍼지니,
그 음악 송경(誦經) 소리와 조화를 이루네.
성당 안의 등불은 밝게 빛나고,
생화는 끊임없이 향기를 피어내네.
이곳에서 겨우 하루를 보냈지만,
세상은 이미 천년이 지났네.

廣樂鈞天奏, 歡騰會衆靈.
器吹金角號, 音和鳳獅經.
內景無窮照, 眞花不斷馨.
此間纔一日, 世上已千齡.

- 성교회의 진리를 노래하다
(感詠聖會眞理): 6

이 기쁨은 예사로운 기쁨이 아니니,[1]
복음을 전하는 방울소리 온 세상에 울리네.
칠천년 세월이 눈 깜박할 사이 지나고,
구만리 바닷길에 작은 배를 띄우셨네.
하늘 가운데 태양처럼 환하고,
새벽 금성처럼 환하구나.
천주를 찬미하고 섬김은 특별한 게 아니라,[2]
복음서 한 권이라네.

此喜非常喜, 鐸聲振四溟.
七千年過隙, 九萬里揚舲.
杲杲中天日, 煌煌向曉星.
承歡無別事, 一卷福音經.

---

[1] 천주교에서는 '즐거움'과 '기쁨'을 구별하여 사용한다. 특히 즐거움에 비해 기쁨은 영적인 의미를 자주 드러냄.
[2] "찬미하고 섬김"은 영신수련에서 흔히 쓰는 표현.

- 성교회의 진리를 노래하다
(感詠聖會眞理): 7

천주의 은총이 당신께 내리시니,
성모님은 얼마나 훌륭하고 온유하신가.
황금궁전처럼 아름답기만 하고,
하얀 상아탑처럼 아득히 높기만 하네.
큰 빛은 상하로 퍼져 나가고,
은총은 춘추에 넘쳐 흐르네.
밀랍은 아름다운 향기를 품었고,
열두 개 별로 된 관을 쓴 성모님을 우러러 보네.

自天申爾福, 有母性徽柔.
美麗黃金殿, 高超白象樓.
大光通上下, 渥寵富春秋.
蜜蠟含芳處, 瞻依十二旒.

- 성교회의 진리를 노래하다
(感詠聖會眞理): 8

곱고 아름다운 복음을 알리니

대중에게 전래되어 그들 마음 기쁘게 하네.

신령스러운 새는 겨자나무에 깃들고,

어린 기사는 포도밭에 말을 매네.

사방에 장미꽃이 다투어 피고,

구름이 피어오르고 바람이 이네.

성당에 가서 바칠 것은 없고,

오르간 치는 소리에 귀 기울여 듣네.

禔福佳音報, 傳來悅衆心.

靈禽棲芥樹, 小騎繫陶林.

遍地玫瑰發, 淩雲獨鹿深.

登堂無以獻, 聽撫十絃琴.

- 성교회의 진리를 노래하다
(感詠聖會眞理): 9

푸른 가지를 받아들며 개선가를 부르고,
하늘을 우러러보며 큰 바다를 건너네.
팔을 휘두르며 일어나 천하를 적다 여기며,
손에 손을 잡고 온 세상 밖으로 나아가네.
기쁜 소식 전하여 산을 춤추게 하고,
생명의 숨 불어 넣어 물을 도도히 흐르게 하네.
천행으로 성모님께 의탁하여,
이내 몸을 다윗의 성에 숨겼네.

青枝歌凱樂, 昂首渡滄洲.
臂奮小天下, 手携大九州.
聞聲山鼓舞, 吹氣水溶流.
幸托如飴母, 藏身達味樓.

- 오언절구(五絶): 1

하늘 밖으로 더 넓은 하늘 있어,
언제나 봄이라 춥지도 덥지도 않다네.
모든 이가 이제라도 곧 다다를 수 있으니,
나 또한 다다르는 게 어찌 어려우랴.

天外有天寬, 長春不暑寒.
人人今可到, 我到亦何難.

- 오언절구(五絶): 2

영원한 행복이 높은 하늘나라에 있으니,
인생은 아무 목적도 없는 것이 아니라네.
이내 몸 주님께로부터 나왔으니,
누가 나를 구속 받게 하겠는가.

永福在高天, 人生非漫然.
一身由我主, 誰遣受拘牽.

- 마카오에서의 감회(澳中有感): 1

그림 그리는 붓을 어찌 자연의 조화에 견줄까만,
화공(畫工)이 도에 귀의하니 자연의 조화와도 같아졌네.
산천과 사물의 변화에 통달하고 지혜가 밝아지니,
천지를 거울 속 드려보듯 굽어 살피네.

畫筆何曾擬化工, 畫工還道化工同.
山川物象通明處, 俯仰乾坤一鏡中.

- 마카오에서의 감회(澳中有感): 2

하늘과 땅의 기운이 자욱하고 만물은 순박하고,
우러러 보고 굽어 살펴 생민(生民)의 근원을 찾아가네.
고금의 오르고 내림이 천지간에 있으니,
치우침 없이 사람 길러내는 이 있음을 알겠네.

天地絪縕萬物醇, 仰觀俯察溯生民.
古今昇降乾坤在, 知有中和位育人.

- 마카오에서의 감회(澳中有感): 3

남루한 옷 걸치고 누워 어린아이 울음소릴 들으니,
아직 무정하지 못해 마음이 저절로 혼란해지네.
천지가 생겨난 바는 마침내 적막함일진대,
어찌하여 죽은 아내를 위해 수건을 적시나?

牛衣臥聽小兒啼, 未得無情亦自迷.
天地由來終寂寞, 霑巾何事爲亡妻.

- 성 교회의 근원을 읊다(誦聖會原流): 1

열두 겹으로 에워싸인 하늘 제일 높은 곳,
천주의 궁전에는 또 다른 사계절이 있다네.
은은한 꽃향기는 장미꽃에서 피어오르고,
묵주의 찬란한 빛은 면류관을 쓴 성모님을 경배하네.
천상에서의 참된 복락을 구하려 한다면,
인간세상의 헛된 계획들을 반드시 끊어야 한다네.
다박머리 한 몇몇 어린 여자아이들을 돌아보니,
날마다 성모님을 쫓아 따르며 노니는구나.

十二重寰最上頭, 主宮別自有春秋.
氤氳花氣開玫瑰, 燦爛珠光拜冕旒.
天上欲求眞福樂, 人間須斷假營謀.
試觀多少髫齡女, 日日追隨聖母遊.

- 성 교회의 근원을 읊다(誦聖會原流): 2

하늘이 열리기 전에 만물의 근원을 알리시고,
최후의 심판을 높이 걸어 종말을 가리켜 보이셨네.
한 사람의 피를 다섯 곳의 상처로 다 쏟으시니,
온 세상 사람들의 마음이 십자가의 기적에 기울었네.
천국의 문에는 평온한 세상과 통하는 사다리가 있어,
사탄은 더 이상 사람을 미혹할 방법이 없게 되었네.
책임을 지고 예수님의 뒤를 잘 따르고,
저 높은 곳을 앙모하며 한 걸음 한 걸음 따르리.

未畫開天問始基, 高懸判世指終期.
一人血注五傷盡, 萬國心傾十字奇.
閶闔有梯通淡蕩, 妖魔無術逞迷離.
仔肩好附耶穌後, 仰止山巓步步隨.

- 성 교회의 근원을 읊다(誦聖會原流): 3

먼 옛날 혼돈(混沌)에 구멍 뚫어 숨을 불어넣으시고,
한 줌 흙을 빚어 의적(儀狄)과 희화(羲和)를 만드셨네.[1]
꽃 피고 매미 우는 소리, 계절과 온전히 상응하니,
자욱한 눈보라와 노호하는 찬바람을 알지 못했네.
옛 서적에는 아무런 생활의 풍취가 없지만,
영의 근원에는 또 다른 주체(主體)가 특별히 있다네.
영원히 빛나는 말씀 그대 귓가에 남았으니,
말 없음으로 말하지 않는 기약을 마음에 새겨 취하시라.

萬古鴻濛鑿竅吹, 一丸土塊走儀羲.
花榮蟬噪全相應, 雪暗風饕各不知.
故簡中無生活趣, 靈源別有主張奇.
長言爛語留君耳, 印取無言不語期.

---

[1] "의적(儀狄)과 희화(羲和)"는 중국의 고대 신화에 등장하는 인물이다. 내용적으로는 "아담과 하와"를 의미하는 것으로 보임.

- 성 교회의 근원을 읊다(誦聖會原流): 4

갓난아이의 모습으로 이 땅에 오신 날,
아무 죄 없으셨으니 뉘우치기도 다 어려우셨네.
하늘에서 강생하시니 복되고 복되시도다!
여인에게서 나시니 기묘하고 기묘하도다!
여러 성인들을 천상으로 인도하시니,
온 세상이 춤추며 기쁨에 환히 웃네.
그 옛날 예언이 주님의 위로로 들어맞으니,
부활하신 사순의 기적을 가슴깊이 기억하리.

一日嬰兒墮地時, 庶無罪悔蓋難之.
自天而降福哉福, 由女以生奇矣奇.
群聖吁嗟勞引領, 萬方舞蹈喜開眉.
與偕昔許今來慰, 記取陽回四綫期.

- 성 교회의 근원을 읊다(誦聖會原流): 5

일찍이 『시경(詩經)』「척호(陟岵)」편을 읊조릴 때,
운무가 걷히고 푸른 하늘이 보이는 것 같았네.
해와 달이 다시 세상을 환히 비치리라 생각지 못했으나,
한 애제(哀帝) 원수(元壽) 2년 경신(庚申)날에 예수님이 나셨네.
배워 새로운 것을 알게 되니 진실로 큰 복을 받았고,
도에 귀의하여 생각이 깊어지니 거룩한 공적도 온전하네.
수도자들을 쫓아 찬미의 노래 소리 듣고자 하니,
어찌 아름다운 시문 짓기를 즐기리오.

曾詠周詩陟降篇, 如開雲霧觀靑天.
不圖日月重光世, 卻在庚申元壽年.
學有知新純嘏借, 道歸遠慮聖功圓.
願隨霞珮聽高唱, 豈獨驪珠輝一篇.

- 성 교회의 근원을 읊다(誦聖會原流): 6

인간의 성품과 하늘의 이치는 언제고 도에 가까워,
새로운 시를 읊고 나니 온 정신이 한데 모이네.
죽기 전 그 누가 천당의 즐거움을 믿겠는가,
죽은 후에야 지옥 불이 진짜임에 놀라네.
인간세상의 공명은 눈밭에 남은 기러기 발자국 같고,
육신의 고달픔은 말발굽에 이는 먼지 같다네.
흐르는 시간은 또 다시 사람의 늙음을 최촉하는데,
어찌 진리의 근원으로 나아가 자세히 묻지 않는가.

性理由來與道親, 新詩吟罷一凝神.
死前誰信天鄉樂, 了後方驚獄火眞.
浮世功名鴻爪雪, 勞生軀殼馬蹄塵.
流光況復催人急, 擬向眞原細問津.

- 성 교회의 근원을 읊다(誦聖會原流): 7

육신을 빚어 영혼을 갖게 하시고 사람이라 부르시니,
온 세상의 크신 아버지의 본성이 진리 가운데 있네.[1]
하늘에 계신 아버지의 공덕을 비로소 알게 되었으니,
한결같이 천주를 봉양하며 자식 된 본분을 다하려네.
지난 일을 생각하면 깊은 슬픔에 한없는 눈물 쏟아지고,
다가올 즐거움을 점쳐보면 사시사철이 봄날과 같으리.
은총의 가르침으로 말미암아 새로운 가르침이 열린 것은 아니니,
몸을 아름답게 하고 복되게 하는 일에 다투어 믿고 항구히 행하세.

齒髮含靈號日人, 乾坤大父性中眞.
始知薇極天功亮, 壹是蘭陔子職循.
往事深悲千斛淚, 來歡占斷四時春.
不緣寵敎開新敎, 爭信常生禔福身.

---

[1] '대부(大父)'라는 표현은 정하상(丁夏祥)의 『상제상서(上宰相書)』 등 한국 천주교에서도 즐겨 사용하던 표현임.

성 교회의 근원을 읊다(誦聖會原流): 8

가장 높은 그곳 천국은 그 얼마나 넓은가,
형제자매들 한자리에 모이니 즐겁고도 즐겁다네.
예나 지금이 없이 성부와 성자와 성령은 하나이시며,
하늘과 땅을 가득 채운 유일한 것은 세 위격이라네.
신자들 날로 늘어 하느님을 부르기에 좋게 되고,
세상의 아름다운 꽃으로 제대의 감실(龕室)을 둘렀네.
벽에 그려진 성상(聖像)을 해마다 참배하고,
맑은 향기 교리의 요약 코끝에 섞여드네.[1]

最高之處府潭潭, 眷屬團圓樂且耽.
無古無今三位一, 徹天徹地一家三.
人名日益稱神可, 世有奇花保聖堪.
畵壁年年瞻配像, 淨香理略鼻頭參.

---

[1] 비두삼(鼻頭參)은 비단백(鼻端白)과 같은 말이다. 연기처럼 코끝을 출입하는 하얀 숨결이라는 뜻으로, 명상의 지극한 경지에 들어가면 그 기운이 보인다는 불교 수행법의 하나.

- 성 교회의 근원을 읊다(誦聖會原流): 9

옥 면류관에 황금 같은 비단옷을 입으신 영광스런 주님,
죽음으로 싸워 이기신 공로는 성자의 순결한 마음이시네.
온갖 색과 향을 지닌 꽃 가득한 골짜기,
뿌리 하나 줄기 하나가 모두 모여 포도 숲을 이루었네.
성령으로 충만하여 예수님의 잔을 마시고,
시립하여 다윗의 시편 성가를 귀 기울여 듣는다.
거룩하시도다! 거룩하시도다! 거룩하시도다! 소리 끊이질 않고,
자리에 앉은 어린양들 찬미가를 합창하네.

榮加玉冕錫衣金, 血戰功勞赤子心.
萬色萬香萬花谷, 一根一幹一葡林.
物靈飫飲耶穌爵, 躍體傾聽達味琴.
聖聖聖聲呼不斷, 羔洋座下唱酬音.

- 성 교회의 근원을 읊다(誦聖會原流): 10

초월하신 주의 경이로운 묘체는 본디 그려낼 수 없으니,
온 백성을 살리시고자 이 땅에 오셨다가 다시 감추셨네.
새로 밀떡을 만드시어 하나의 규범을 명확히 하시니,
전과 다름없이 온 세상의 왕이시라.
인간 세상에는 지금 하느님께 올릴 완전한 번제물이 있고
천상에는 언제나 일용할 양식이 마련되어 있다네.
일찍이 죄 많았던 저를 기꺼이 받아주시어,
몸과 정신이 편안한 곳에 거하니 눈물이 옷을 적시네.

超超妙體本無方, 爲活蒸民顯復藏.
宛爾一規新餠餌, 依然六合大君王.
人間今有全燔胙, 天上恒存日用糧.
曾是多愆容接近, 形神飫處淚霑裳.

- 성 교회의 근원을 읊다(誦聖會原流): 11

    태극이 삼재(三才)를 품은 것은 오래고 막연하니,
    진실로 혼돈(混沌)이라는 원기(元氣)에서부터 시작되었네.
    이전엔 잔편(殘篇)들을 통해 성(誠)과 명(明)과 선(善)을 알았다면,
    이제는 성부와 성자와 성령이라는 오묘한 참뜻을 알게 되었네.
    삼위일체의 참된 깨달음은 불을 일으키는 거울(火鏡)과 같고,
    완전하신 이의 큰 가르침은 해와 달이 하늘을 운행함과도 같다네.
    성스러운 이름을 드러내 보이시고 서로 따르도록 안배하시니,
    온 인간 세상에 천주의 복음이 가득하리라.

    太極含三是漫然, 眞從元氣說渾淪.
    殘篇昔識誠明善, 奧義今知父子神.
    位別近參含火鏡, 體全遙指麗天輪.
    聖名顯示權相付, 普地人間至敎音.

- 성 교회의 근원을 읊다(誦聖會原流): 12

열두 송이 아름다운 꽃으로 장식하니 그 모습 찬란하고,
새로 만든 면류관은 성모의 위엄을 드러내네.
단아한 얼굴빛은 시작도 없는 빛 중에서 받으셨고,
맑은 향기는 처음 수태하신 은총 때부터 지니셨네.
신비롭게도 동정녀로 성체를 잉태하셨으니,
그 영광 뭇 성도 보다 높아 많은 경배를 받으시네.
성모 승천절을 맞으니,
어디서든 아름다운 성모상을 우러러 볼 수 있다네!

十二天葩綴彩疊, 冕旒新製母儀堪.
色從無始光中賦, 香自初胎寵裏含.
奇絕一貞開寶蕊, 榮超萬聖簇華參.
何當受福朝元日, 瑰麗親瞻面面涵.

- 대천사 미카엘(總領天神)

늠름하신 풍모와 자태는 한 없이 뛰어나시고,
가볍게 나부끼는 날개 동정의 몸과 같으시네.
태초의 으뜸으로서 존엄하신 주님을 쫓아 받드는,
구품천사(九品天使)[1]들의 사령관이시라네.
위력으로 불감옥을 진압하고 모든 사탄을 항복시키셨고,
은혜로 구름기둥을 내시어 많은 사람을 보호하셨네.
사람들은 형체 없는 신비를 알지 못하니,
누구라 형체 없는 신비의 참 모습을 그릴 수 있을까!

凜凜豊姿擬絶倫, 翩翩羽翼似童身.
趨承太始元尊主, 總領諸天九品神.
威鎭火牢降一鬼, 恩標雲柱護多人.
人間不識無形妙, 誰向無形妙寫眞.

---

[1] 아홉 등급의 천사. 상급의 치품천사 · 지품천사 · 좌품천사, 중급의 권품천사 · 능품천사 · 역품천사, 하급의 주품천사 · 대천사 · 천사가 있다.

- 수호천사(護守天神)

인간세상 어디라야 원수가 주는 상처에서[1] 벗어날 수 있을까,
하느님이 은혜를 베푸시니 너무 커서 헤아릴 수 없다네.
화(禍)를 복(福)으로 바꾸시려 하느님께서 특별히 파견하시니,
삶과 죽음 시작부터 끝까지 언제나 지켜주시네.
어둠과 죄악이 가득한 세상에서 돌보시고 이끄시며,
고독과 어려움에 빠진 몸과 마음에 좋은 동반자 되어주시네.
마지막 날 천당과 지옥 사이 오르내릴 때를 기하여,
미리 악마의 계책을 소멸하시어 하늘 나라로 이끄시네.

人間何處免仇傷, 大主恩施浩莫量.
禍福轉移神特遣, 死生終始日須防.
闇冥世宙提攜切, 孤厄形神侶伴良.
最是末期升墜際, 預消魔策送天鄕.

---

[1] 이냐시오의 영신수련에서는 악마, 사탄을 가리켜 '인간 본성의 원수'라고 표현함.

– 칠극송(七克頌)[1]: 교만을 이겨내기(克傲)[2]

교만이 불러오는 죄악은 어떠한가,
교만한 사자와 같아 길들일 수 없다네.
교만한 마음은 가진 것을 자랑하고,
세상을 굽어보아 눈 아래 사람이 없다네.
하늘을 찌를 듯한 기세 얼마나 갈 것인가,
땅에 쌓인 먼지가 되어 천추를 갈 것이네.
어찌 스스로 극복하고자 노력함만 하겠는가,
모든 덕행의 근본은 겸손이라네.

傲惡知何似, 驕獅不可馴.
雄心誇有物, 俯目視無人.
幾日淩雲氣, 千秋委地塵.
爭如勤自克, 萬德一謙眞.

---

[1] 『칠극(七克)』은 1614년 북경에서 출판된 책으로서 한문으로 쓰인 400면의 수양서(修養書)이다. 지은이는 베이징에서 활동하던 마테오 리치 신부를 보좌한 스페인 출신 예수회 신부 판토하(Diego de Pantoja, 龐迪我)다. 칠죄종(七罪宗, seven deadly sins)은 그 자체가 죄이면서 다른 죄와 악습을 일으키는 일곱 가지 죄종으로 ① 교만, ② 인색, ③ 시기(질투), ④ 분노, ⑤ 음욕, ⑥ 탐욕(탐식), ⑦ 나태.

[2] 판토하(Pantoja)는 『칠극』「복오(伏傲: 교만을 누르다)」편에서 "교만은 사자처럼 사나운데, 이는 겸손으로써 눌러야 한다."고 함.

- 칠극송(七克頌): 탐욕을 이겨내기(克吝)[1]

탐욕이 불러오는 죄악은 어떠한가,
어리석은 원숭이가 손아귀를 꼭 움켜지는 것 같다네.
주머니를 풀 때는 미간부터 찡그리고,
삼가 공손히 받을 때는 희색이 만연하네.
한 평생 수없이 헤아려보아도,
죽을 때에는 그저 빈손이라네.
어찌 스스로 극복하고자 노력함만 하겠는가,
은혜로운 마음이 인색함을 이겨내는 관건이라네.

貪惡知何似, 癡猴握固然.
解囊眉早皺, 拜賜色爭姸.
卒世饒千算, 終期但兩舉.
爭如勤自克, 心惠破慳鍵.

---

[1] 판토하(Pantoja)는 『칠극』 「해탐(解貪: 탐욕을 풀다)」편에서 "탐욕의 마음은 마치 손아귀에 (물건을) 잡고 있는 것처럼 단단한데, 이는 베풂으로 풀어야 한다."고 함.

- 칠극송(七克頌): 음란함을 이겨내기(克淫)[1]

음욕이 불러오는 죄악은 어떠한가,
욕망이란 물이 개울을 넘쳐흐르는 것 같다네.
처음 지은 추행에는 아직 얼굴을 붉히지만,
점점 방종해져 마음은 온전히 색에 미혹되네.
짐승 같은 행동에는 많은 지적이 따르고,
신의 살피심은 깊은 곳에 숨어도 미친다네.
어찌 스스로 극복하고자 노력함만 하겠는가,
정결(貞潔)의 덕이야 말로 굳은 제방이라네.

淫惡知何似, 流情水決溪.
乍汚顏尙赧, 稍縱意全迷.
獸行叢多指, 神監逼暗閨.
爭如勤自克, 貞德是金隄.

---

[1] 판토하(Pantoja)는 『칠극』「방음(坊淫: 음란함을 막다)」편에서 "음란은 마치 물이 넘쳐 나는 것과 같은데, 이는 마음을 곧고 바르게 하여 막아야 한다."고 함.

- 칠극송(七克頌): 분노를 이겨내기(克忿)[1]

분노가 불러오는 죄악은 어떠한가,
세찬 바람에 타오르는 불길 같다네.
무단히 조금 건드리기만 해도,
목숨 걸고 서로 용서 않을 것을 맹세하네.
어찌 작은 것이라고 가벼이 하겠는가,
하루아침에 근심거리가 되고 마는데.
어찌 스스로 극복하고자 노력함만 하겠는가,
언제나 부드럽고 온화한 기운으로 꺼뜨려야겠네.

忿惡知何似, 風狂火擧燺.
無端纔有觸, 誓死不相饒.
豈是輕三尺, 居然患一朝.
爭如勤自克, 常用太和澆.

---

[1] 판토하(Pantoja)는 『칠극』「식분(熄忿: 분노를 없애다)」편에서 "분노는 불과 같은데, 이 불은 참음으로써 꺼야 한다."고 함.

- 칠극송(七克頌): 질투를 이겨내기(克妬)[1]

질투가 불러오는 죄악은 어떠한가,
잔잔한 흐름에 돌연 파도가 일어나는 것 같다네.
뛰어난 재능은 오직 나에게만 용납하고,
좋은 일이 다른 사람에게 많음을 원망하네.
기세가 등등하여 서로 편협하게 굴고,
흘겨보면 어찌할 것인가.
어찌 스스로 극복하고자 노력함만 하겠는가,
오직 용서함 외에는 다른 방법이 없다네.

妬惡知何似, 平流忽起波.
高才容我獨, 好事恨人多.
咄咄偏相逼, 睊睊奈若何.
爭如勤自克, 一恕百無他.

---

[1] 판토하(Pantoja)는 『칠극』「평투(平妬: 질투를 가라앉히다)」편에서 "질투는 마치 파도처럼 일어나는데, 이는 용서로써 가라앉혀야 한다."고 함.

- 칠극송(七克頌): 탐식을 이겨내기(克饕)[1]

탐식이 불러오는 죄악은 어떠한가,
바다 같은 구렁이 모든 물을 빨아들이는 것 같다네.
많은 돈을 들여도 젓가락 둘 곳이 없다 하며,
한 번 웃으며 사발을 들고 비우네.
배가 산만 해져 움직임이 부담스럽게 되어서야,
몸뚱이가 원수라는 것을 알게 되네.
어찌 스스로 극복하고자 노력함만 하겠는가,
절제의 덕행으로 즐겨 짝해야 하리.

饕惡知何似, 溟墟吸衆流.
萬錢難下箸, 一笑爲擎甌.
直待腹相負, 方知軀是仇.
爭如勤自克, 甘節德之儔.

---

[1] 판토하(Pantoja)는 『칠극』「색도(塞饕: 탐을 내어 먹고 마시는 것을 막다)」편에서 "탐을 내어 먹고 마시는 이들은 마치 도랑처럼 (음식물을) 집어삼키는데, 이는 절도(節度)로서 막아주어야 한다."고 함.

- 칠극송(七克頌): 나태함을 이겨내기(克怠)[1]

나태함이 불러오는 죄악은 어떠한가,
느리고 둔한 말이 주인의 은혜를 저버리는 듯하다네.
몸뚱어리엔 안일과 사육만이 있을 뿐,
높이 오르려는 의지와 바람이 없다네.
영신(靈神)의 일은 정돈하기를 기하기 어려우나,
흐르는 시간은 달아나듯 지나가네.
어찌 스스로 극복하고자 노력함만 하겠는가,
채찍 휘둘러 말을 몰아 수행의 문으로 들어가세.

怠惡知何似, 駑駘負主恩.
有軀安豢養, 無志望騫騰.
神業難期頓, 流光欲若奔.
爭如勤自克, 振策入修門.

---

[1] 판토하(Pantoja)는 『칠극』 「책태(策怠: 게으름을 채찍질하다)」편에서 "게으름은 마치 둔하고 힘이 빠진 말과 같다. 그런데 이는 부지런함으로써 채찍질해 주어야 한다."고 함.

- 선배 도반에게 드림(贈前輩道友)

마음속에 깊이 품은 출세간의 큰 뜻과 빼어나신 자태,
멋스러운 풍채에 문아한 모습 역시 나의 스승이시네.
오송강(吳淞江)1)의 꽃과 새는 시심(詩心)의 원천이었고,
고소(古蘇)2)에 머물면서 수도(修道)의 기틀을 세우셨네.
몸 밖에 하늘이 내려주는 벼슬의 귀함을 이제 아시게 되니,
귀에 들려오는 또 다른 가르침 소리 새롭네.
어느 때나 마음에 새긴 한 구절의 말로,
나의 육신을 견고하게 다스릴 수 있을까?

出世襟懷絶世姿, 翩翩儒雅亦吾師.
吳淞花鳥虛詩本, 古蘇星霜立道基.
身外今知天爵貴, 耳中別有鐸音奇.
何時一句銘心語, 化我堅頑骨肉皮.

---

1) 오송강(吳淞江)은 절강성(浙江省) 태호(太湖)에서 발원하여 상해 황포강(黃浦江)과 합류한 후 바다로 흘러듦.
2) 고소(古蘇)는 경사(京師), 즉 북경(北京)을 말함.

- 칠십 노인의 노래(七十自詠): 1

나의 도를 배우고 익힘은 아직 완성되지 않았으나, 지난 세월을 돌아보니 헛되이 보낸 것이 안타깝네. 이에 소동파(蘇東坡)의 "甲子重來又十年(갑자중래우십년)"을 첫 구로 하여 율시 네 수를 지어 뒷날을 경계하고자 하네.

환갑이 지나고 또 십년,
산 중엔 책력(冊曆)도 없고 세상 소식은 아득하네.
나의 생은 쉬이 늙어 고목과도 같이 되었는데,
세상 사람들 헛되이 오래 살기를 빌어주네.
지난날의 흥망은 다시 묻지 않고,
흘러가는 시간 짧은 순간이라도 아껴야겠네.
도를 닦는 것은 장하나 나아가기 어렵고,
더군다나 늙고 병들어 연천(練川)[1]에 머물고 있네.

予學道未成, 追前年月, 痛惜虛度. 玆用坡翁"甲子重來又十年"爲首句,
遂成四律, 以爲後惕.

甲子重來又十年, 山中無曆音茫然.
吾生易老同枯木, 人世虛稱有壽篇.

---

[1] 연천(練川)은 오어산 신부가 주임신부로 활동하던 가정(嘉定)의 다른 이름이다.

往事興亡休再問, 光陰分寸亦堪憐.
道修壯也猶難進, 何況衰殘滯練川.

- 칠십 노인의 노래(七十自詠): 2

환갑이 지나고 또 십년,
허물어진 교회는 허공에 매달린 경쇠마냥 속이 비었네.
사방 벽에서 들려오는 가을 풀벌레 소리는 이어졌다 끊어지고,
삼간 방에 새는 비는 그쳤다간 다시 줄줄 쏟아지네.
사람들 부축 받아가며 귀한 손 맞길 원하지 않고,
꿈에서 선현들을 뵌 지도 오래라네.
침상 머리의 주머니는 모두 비었지만,
힘들고 고생스러워도 집과 전답을 구하지 않으리.

甲子重來又十年, 破堂如磬尙空懸.
蟲秋四壁鳴還歇, 漏雨三間斷復連.
不願人扶迎貴客, 久衰我夢見前賢.
牀頭囊橐都消盡, 求舍艱難莫問田.

– 칠십 노인의 노래(七十自詠): 3

환갑이 지나고 또 십년,
훌쩍 떠나온 고향(琴川)¹⁾ 못가본지 오래라네.
집 앞 묵정(墨井)²⁾의 물은 여전하고,
집 뒤 도계(桃溪)에는 꽃이 아름답게 피었겠지.
책읽기 싫어하는 손자 녀석도 이미 장성했을 터이고,
농사를 접었으니 부역은 없어지고 닭달도 줄었겠지.
두 아들이 내 뜻처럼 천주학을 익히고 닦아서,
대대로 도를 닦는 기상이 온전하기만 바라네.

甲子重來又十年, 飄然久不去琴川.
堂前墨井水依在, 屋後桃溪花自姸.
懶讀有孫應長大, 廢耕無役少煩煎.
兩兒如願遹修業, 卻愛傳家道氣全.

---

1) 금천(琴川)은 오어산 신부의 고향인 상숙(常熟)의 다른 이름.
2) 묵정(墨井)은 공자의 제자 자유(子游)의 집 앞에 있던 우물 이름이다. 오어산 신부는 자유의 옆집에서 나고 자랐기 때문에 자신을 묵정도인(墨井道人)이라 함.

- 칠십 노인의 노래(七十自詠): 4

환갑이 지나고 또 십년,
이 땅(嘉定)[1]에서 도(道)를 행하면서 편히 잔 적이 드무네.
조석으로 이치를 탐구하고 거친 길을 다니며,
내려다보고 우러러보며 찾지만 우물 안 개구리라.
내리는 눈을 마주하면 나귀의 등을 잊지 않고,
우산(虞山)을 생각하면 언제나 묵정(墨井)가를 떠올리네.
지금 사탕수수를 씹지만 이는 많지 않고,
그저 옛 맛을 그대로 느끼니 웃음이 절로 나네.

甲子重來又十年, 道行此地少安眠.
夕朝奮理遊荒徑, 俯仰搜觀坐井天.
對雪未忘驢背上, 思山常念墨池邊.
而今啖蔗無多齒, 自笑粗知老味全.

---

[1] 가정(嘉定)은 상해 북서쪽에 위치한 지역으로 강남 선교의 중심지였다. 오어산 신부는 이곳에서 주임신부로 오랜 시간을 보냈다.

해제_
오어산(吳漁山)과
『삼파집(三巴集)』

해제_ 오어산(吳漁山)과 『삼파집(三巴集)』

최낙민

1. 들어가는 말

　오어산(吳漁山; 1632~1718)[1])은 청나라 초기 산수화단을 대표하는 "육가(六家)"[2])중의 한 사람으로, 시와 음악에 있어서도 자기만의 세계를 이룩한 명망 높은 명의 유민이었다. 강소(江蘇) 상숙(常熟)에서 출생한 오어산은 집 근처에 천주교 교회가 있어서 어려서부터 세례를 받았다고 알려져 있지만[3]) 언제 입교를 했고, 누구에게 세례를 받았는지에 대해서는 아직 명확하게 밝혀져 있지 않다. 분명한 것은 강희(康熙) 19년 (1680) 마카오에 도착한 후 성바오로수도원(三巴靜院)에서 신학교육을 받았고, 1682년 정식으로 예수회에 입회하여 시몬 하비에르(Simon Xaverius: 西滿·沙勿略)라는 수도명을 받았으며, 1688년 8월 1일 유온덕(劉蘊德)[4]),

---

[1]) 원명이 啓歷이었으나 歷으로 개명하였고 字는 漁山, 號는 墨井道人이라 하였다.
[2]) "淸初六家"란 王時敏, 王鑒, 王翬, 王原祁, 吳歷, 惲壽平을 이른다. "四王, 吳, 惲"이라고도 불렸으며, 명대 董其昌의 뒤를 이어 청나라 초기의 화단을 영도하였다.
[3]) 方豪, 『中國天主敎史人物傳』 中卷, 中華書局, 1988, 204쪽.
[4]) 劉蘊德은 湖廣사람으로 明 崇禎元年(1628) 출생하였다. 字가 素公, 세례명은 巴

만기연(萬其淵)5)과 함께 사제 서품을 받은 후 선종 때까지 상해(上海)와 가정(嘉定)을 중심으로 선교사업에 종사했다는 것이다.

오어산이 동서양의 문화가 교류하는 중요한 '접촉지대(contact zone)' 마카오, 성바오로성당과 인연을 맺게 된 것은 예수회의 중국선교사업과 밀접한 관련을 가지고 있다. 1666년 '강희역옥(康熙曆獄)' 이후, 예수회 총책임을 맡게 된 페르비스트(Ferdinand Verbiest: 南懷仁) 신부는 나이가 많더라도 배우자가 사망한 사람 중에 덕이 있는 인사를 단기간 교육 시켜 사제 서품을 하고, 중국말로 미사 집전과 성사 집행을 할 수 있어야 교회의 기초가 튼튼해 질 수 있다고 생각하였다. 페르비스트는 1680년 관리자직6)에 임명된 필립페 쿠플레(Philippe Couplet: 柏應理)7)를 로마 교황청에 파견하여 중국에서 선교사들이 중국어로 미사를 집

西略이고 서양 이름은 Verbiest이다. 欽天監 右監副로 근무할 때부터 선교사들과 교류가 많았고, 康熙23年(1684) 입회하였다.

5) 萬其淵은 江西 建昌 사람으로 明 崇禎8年康(1635) 출생하였다. 원래 성은 王이다. 字가 三泉, 세례명이 保祿이고 서양 이름은 Banhes 혹은 Vanhes라고 한다. 康熙15年(1676) 입회하였다.

6) "관리자의 임무는 저명한 사람들을 방문하고 학자들과의 접촉 그리고 출판물의 교화를 통하여 선교에 대한 대중적 관심을 불러일으키는 것도 포함되었다. 관리자가 신입 지원자, 재정적 지원 그리고 호의적인 교황의 재가를 얻어내는 일은 예수회 선교사업을 좌우하는 절대적으로 필요한 것이었으므로 가장 유능하다고 생각된 예수회원만이 그 임무에 선발되었다." 데이비드 E. 먼젤로, 이향만 외 역, 『진기한 나라, 중국: 예수회 적응주의와 중국학의 기원』, 나남, 2009, 413쪽.

7) 順治16年(1659) 중국에 온 쿠플레 신부는 廣西, 湖廣, 浙江 그리고 강남 지방에서 선교활동을 수행했다. 중국어로 된 7편의 짧은 저작을 지을 정도로 중국어를 통달하였으며 사대부들과 긴밀한 접촉을 하였다. 한학에도 밝아『西文四書直解』를 저술했고, 예수회신부들과 함께 라틴어로 쓴『중국 철학가 공자(Confucius Sinarum Philosophus)』는 1687년 파리에서 출판되어 유럽에서 상당한 화제를 불러일으켰으며, 유럽의 중국학연구의 시작에 중요한 역할을 담당하였다. 데이비드 E. 먼젤로, 『진기한 나라, 중국: 예수회 적응주의와 중국학의 기원』, 411~417쪽.

전하는 것에 대해 허락을 받고자 하였다. 이때 5명의 중국인 후선인(候選人)을 동행시켜 그들이 사탁(司鐸)의 직위를 충분히 수행할 수 있음을 증명하고자 하였다. 1661년 한 해에 어머니와 아내를 잃은 후, 삶과 죽음에 대한 궁극의 답을 찾고 있던 오어산[8]은 이 예비후보 5명 중의 한 사람이었던 것이다.

오어산과 육희언(陸希言) 등 예비후보들을 마카오로 인도한 것은 쿠플레 신부였다. 하지만 마카오의 포르투갈 정부는 중국인에게 사제 서품을 주는 것에 반대하였고, 신임 예수회 중국부성회장(中國副省會長) 가비아니(Jean Dominique Gabiani: 畢嘉)는 후선인 5명 중 라틴어를 구사할 수 있고, 나이가 어린 심복종(沈福從)과 공상실(龔尙實) 두 사람만 대동할 것을 허락하였다.[9] 쿠플레 신부와 함께 유럽으로 가고자 했던 계획이 좌절된 후, 오어산은 마카오의 성바오로학원(Colégio de São Paulo; 聖保祿學院)의 중국인 소신학교[華人初學院]에서 신학공부를 하기로 결심하게 되었다.

마카오에서 수사교육을 받는 3, 4년 동안 오어산은 틈틈이 시를 지었고, 후에 이를 모아 『삼파집(三巴集)』을 간행했다.[10] 『삼파집』은 전질(前帙) 「오중잡영(澳中雜詠)」과 후질(後帙) 「성학시(聖學詩)」로 구성되어 있다. 「오중잡영」 속에 수록된 칠언절구(七言絶句) 30수가 산수화

---

[8] 邵洛羊, 『吳歷』, 上海: 上海人民美術出版社, 1962, 3쪽. 章文欽, 『澳門歷史文化』, 北京: 中華書局, 1999, 382쪽 재인용. 李林, 「吳漁山先生行狀」: "生也必有所由來, 其卒也必有所攸歸. 思久之, 不得透其味. 嗣聞天主敎名, 與敎士交善, 考問敎理." 본문에서 인용한 오어산의 시와 1차 자료들은 吳歷 撰, 章文欽 箋注, 『吳漁山集箋注』(北京: 中華書局, 2007)를 저본으로 하였다. 이후 자세한 서지사항은 생략함.

[9] 吳志良·湯開建·金國平 主編, 『澳門編年史』 第2卷, 廣東人民出版社, 2009. 646쪽; 吳歷撰, 章文欽箋注, 『吳漁山集箋注』, 6쪽.

[10] 1690년 『三巴集』이 간행되었으며, 동향인 宋實穎과 『明史·外國傳』을 편찬한 尤侗이 序를 적었다.

가이자 시인인 오어산의 눈에 비친 마카오의 자연환경과 인문환경을 묘사한 경물시(景物詩)라고 한다면, 「성학시」 82수는 천주교 수사 오어산 하비에르가 구도 생활 속에서 교리의 이해를 통한 깨달음의 즐거움과 예수회 선현들을 찬양한 천학시(天學詩)[11]라 할 것이다.

2. 오어산과 『삼파집』

오어산은 강남문화의 원류지라 할 수 있는 상숙의 명문 사대부집안에서 출생하였다.[12] 장강과 대운하가 만나는 곳에 위치하여 일찍부터 교통이 발달하고 대외교류가 빈번했던 상숙은 만명(晚明)시기 가톨릭 강남 선교의 중심지 중의 한 곳이었다. 일찍 부친을 여의고 넉넉하지 않은 유년기를 보낸 오어산이지만 어머니 왕(王)씨의 배려로 명의 유민인 대유학자 진호(陳瑚)를 좇아 학문을 배우고, 전겸임(錢謙益)에게서 시를 학습했다. 또한 왕시민(王時敏)을 통해 회화를 학습하고, 진면(陳眠)으로부터 금(琴)을 배워 전통 학문과 예술에 대해 깊은 소양을 갖출 수 있었다.[13] 방호 신부는 오어산 신부를 중국 천주교 역사에 있어 '시서금화(詩書琴畵)'에 두루 뛰어났던 유일한 인물이라 높이 평가하

---

[11] 오어산은 康熙35年(1696) 가정에서 선교 사업을 수행하면서 그의 敎友 趙崙에게 "作天學詩最難, 比不得他詩."라고 하였다. 여기서 이야기하는 天學詩란 천주교 교의를 내용으로 하는 시를 지칭하는 것으로 이해된다.

[12] 오어산은 明 都御史 文恪公 訥의 11대 손이다. 역대로 많은 진사를 배출했지만 그의 부친 대에 이르러 집안이 쇠락하였다.

[13] 張雲章, 「墨井道人傳」, 『吳漁山集箋注』 卷首·『序跋傳記』: "問學於陳孝廉確庵(陳瑚), 問詩於錢宗伯牧齋(錢謙益), 學畵於王太常煙客(王時敏), 學琴於陳高士岷阮(陳眠), 旣皆得其指授矣."

었다.[14]

오어산은 평생을 통해 적지 않은 시편들을 남겼는데, 그가 예수회에 입회한 1682년을 중심으로 전후 세 시기로 나누어 볼 수 있다.[15] 그 첫 번째는 명의 유민이라 자처하며 진호와 전겸익에게서 학문과 시를 배우고, 선가(禪家)의 승려들과 교류하며 화가로서 명성이 높았던 시기이다. 이때의 작품들은 『도계집(桃溪集)』, 『사우집(寫憂集)』, 『종유집(從遊集)』에 주로 수록되어 있다. 전겸익은 「도계시고서(桃溪詩稿序)」를 통해 오어산의 "시사(詩思)는 맑고 시격(詩格)은 노숙하고(思淸格老)", 고인들에 뜻을 두었기 때문에 당시 사람들과 사뭇 다른 풍격을 가졌다고 높이 평가하였다.[16] 두 번째는 마카오에서 수련수사로서 새로운 종교를 받아들이던 시기의 작품들로 『삼파집』에 주로 담겨있다. 세 번째 시기는 사제 서품을 받은 후 상해와 가정에서 목자(牧者)로서 활동하던 30여 년 간의 작품으로 『삼여집(三餘集)』에 주로 수록되어 있다.

종교적인 관점에서 하느님은 인간을 부르시고, 인간은 그 부름에 응답하면서 상호 간에 사랑과 관심을 체험한다고 한다.[17] 『삼파집』은 하느님의 부르심을 받고 구원의 진리를 찾아 '신의 이름의 도시(City of the Name of God; 聖名之城)' 마카오 성바오로학원에 머물게 된 오어산이 교리와 전례를 배우고 익히며 주님의 진리를 깨달아 참사랑을 실천

---

[14] 方豪, 『中國天主敎史人物傳』 中册, 中華書局, 1988, 202쪽.
[15] 미국의 한학자 Jonathan Chaves는 오어산의 시를 내용에 따라 일반적이고 전통적인 시, 「澳中雜詠」 30수에서 보이는 전변의 시, 『聖學詩』에 나타난 그리스도교시, 「天樂正音譜聖」에 보이는 종교음악 등 4부분으로 나누었다. *Singing of the Source : NATURE AND GOD IN THE POETRY OF THE CHINESE PAINTER WU LI*, University of Hawaii, 1993, 48~49쪽.
[16] 錢謙益, 「桃溪詩稿序」, 『吳漁山集箋注』 卷首・『序跋傳記』: "漁山不獨善畵, 其于詩尤工. 思淸格老, 命筆造微, 蓋亦以其畵爲之, 非欲以塗朱抹粉爭姸于時世者.……"
[17] 조학균, 『그리스도와의 만남, 미사』, 성바오로, 2008, 22쪽.

하고자 노력하면서 지은 시편들을 모은 것이다. 가정의 신도 조륜(趙 崙)이 남긴 오어산 신부의 언행을 기록한『속구탁일초(續口鐸日抄)』는 『삼파집』의 간행 시기와 관련해 중요한 단서를 포함하고 있다. 강희 (康熙) 36년(1697) 6월 14일 성 이냐시오 축일의 활동을 기록한 내용 속 에는『삼파집·오중잡영』제3수[18])에 언급된 올리브유에 관한 내용이 들어있다.[19]) 이를 통해 1697년 이전『오중잡영』30수를 포함하고 있는 『삼파집』이 오어산에 의해 직접 편집되었음을 확인할 수 있다.

『삼파집』에는 두 편의 서(序)가 실려 있다. 한 편은『명사(明史)·외 국전(外國傳)』편찬에 참가하고, 명나라와 교류했던 각국의 기이한 풍 속을 소재로 한「죽지사(竹枝詞)」100수를 지은 우동(尤侗; 1618~1704) 의 것이고, 다른 하나는 오어산의 오랜 스승이자 친구라고 밝힌 송실영 (宋實穎; 1621~1705)이 남긴 것이다. 또한『삼파집·성학시』속에는「칠 십자영(七十自詠)」4수가 포함되어 있다. 이상을 종합해 보면 오어산 신부가 칠순을 맞은 1702년에서 송실영이 사망한 1705년 이전, 오어산 신부가 직접『삼파집』을 다시 편집하였거나, 아니면 다른 사람이 보충 하였을 가능성도 생각할 수 있다.

우동의 서문이『오중잡영』에 언급된 오문, 즉 마카오라는 지역이 갖 고 있는 독특한 문화와 풍속에 주의하고 있다면,[20]) 송실영의 서문은 『성학시』시에서 주로 다루고 있는 천주학과의 관계에 주의하고 있다.

---

[18]) 『三巴集·澳中雜詠』第三首: "黃沙白屋黑人居, 楊柳當門秋不疏. 夜半蜑船來泊此, 齋廚午飯有鮮魚. 黑人俗尙, 深黑爲美, 淡者爲醜. 魚有鰦鯝兩種, 用太西阿里襪油炙之, 供 四旬齋素."

[19]) 趙崙,「續口鐸日抄」,『吳漁山集箋注』卷八: "伏讀『三巴』尊集, 有云阿里襪油可炙魚 供齋之素事…."

[20]) 尤侗,「三巴集序」,『吳漁山集箋注』卷首·序跋傳記: "今吳子漁山所詠澳門, 其地未 離南粤, 而爲外國貢市會聚. 耳目所遇, 往往殊焉.……"

오어산은 여러 해 나를 좇아 배웠는데 시와 그림 그리고 서법 모두 세상에서 빼어났다. 근간에는 다시 심학(心學)에 마음을 두어, 하는 일 없이 한가롭게 지내며 자족하고 있다. 멍하니 마치 이전의 나를 잊고, 몸에 있어서는 몸을 잊고, 일에 있어서는 일을 잊은 듯하다. 세찬 바람과 험한 물결의 진탕(震蕩)에 맡기고도 마음은 태연하였다. 이것이 『삼파집』이 지어진 이유이다. …… 나에게 그것을 잠깐 보게 하였을 때에는 놀라웠으나, 계속해서 보니 깊고 아득함을 느껴 측량할 수 없었다. 어찌 얕은 견해로 이를 평가할 수 있겠는가. 이에 서를 쓴다.[21]

송실영이 이야기한 심학은 양명학(陽明學)이 아니라 최근 오어산이 관심을 두고 있는 천주학을 이야기하는 것이다. 예수회 수사가 된 오어산이 마음을 비우고 새롭게 받아들인 천주학의 내용을 담아낸 시를 접한 송실영은 처음에는 당혹감을 느꼈지만, 그 시가 품고 있는 깊이를 느끼게 된 후에는 높이 평가하였다.

『삼파집』에 수록된 천학시를 이해하기 위해서는 오어산이 언제 마카오에 도착했고 언제 마카오를 떠났는지 확인할 필요가 있다. 하지만 학자들마다 약간의 차이가 있어 아직 정론이 없는 상태이다.[22] 아시아 지역에 대한 포교권을 가진 포르투갈의 선박을 이용해 예수회 동아시

---

21) 吳漁山, 『墨井詩鈔』, 別卷 『三巴集』 卷首: "漁山從學有年, 詩畵及書法皆妙天下. 近復留心心學, 優游自足. 嗒乎若忘, 在身忘身, 在事忘事. 任風波震蕩而天君泰然. 此三巴集之所以作也. …… 致令予乍見之而若驚, 繼觀之覺淵乎茫乎, 其不可測也, 安可以淺近視之耶? 是爲序."

22) 이 문제에 대해 陳垣·方豪·容庚은 康熙20年(1681)을, 汪宗衍·章文欽 등은 康熙19년(1680)을 주장하고 있다. 본문에서는 1680년 12월 3일 이전 도착하였을 가능성을 제기하였다. 쿠플레 신부는 이보다 앞선 10월경에 마카오에 도착한 것으로 확인되고 있다. 章文欽, 『吳漁山及其華化天學』, 中華書局, 2008, 116~119쪽 참고.

아 선교본부가 있는 인도의 코친을 거쳐 리스본과 바티칸으로 가기 위해서는 북동계절풍을 이용할 수 있는 겨울에 마카오를 출발해야 했다. 쿠플레 신부와 함께 유럽으로 가고자 했던 육희언이 강희 경신년(庚申) 동중(冬仲), 즉 1680년 12월 21일에서 1681년 1월 19일 사이에 도착한 것을 보면, 오어산 역시 비슷한 시기에 도착했어야만 했다.[23] 또한 그리스도교 동방선교의 개척자이며 예수회 해외 선교의 수호자인 성 프란치스코 하비에르의 기념일(12월 3일)에 거행되는 출유행사를 묘사한 시[24]가 이 해에 지어졌다고 가정한다면, 오어산이 마카오에 도착한 것은 대략 1680년 12월 3일 이전이었을 것으로 추측할 수 있다.

> 수도원에 머문 지도 어언 삼사 년,
> 여전히 학업에 성취가 없어 상심에 잠기네.
> 바라건대 주님의 은총으로 서로 바르게 나아가도록 격려하며,
> 무한한 앞길에서도 함께 자극이 되어 주세.[25]

위의 시를 통해 오어산이 마카오 바오로성당에서 보낸 시간이 최소한 3, 4년 이상이었음을 확인할 수 있다.[26] 하지만 그가 마카오를 떠난 시점에 관해서도 의견이 분분하다. 방호 신부는 1684년 11월 강희제가 처음 남순(南巡) 했을 때 오어산은 이미 남경에 있었고, 가비아니와 발

---

[23] 陸希言,「澳門記」: "于康熙庚申之冬仲, 追隨信未柏先生至其地."
[24] 『三巴集・澳中雜詠』 第三首: "捧蠟高燒迎聖來, 旗幢風滿砲成雷. 四街鋪草靑如錦, 未許遊人踏作埃."
[25] 『三巴集・聖學詩』,「佚題」 第四首.
[26] 현재 포르투갈과 바티칸에 남아 있는 예수회의 몇몇 기록을 통해 오어산은 1682년 7월 31일 성 이냐시오 축일에 항주에서 정식적으로 예수회 입회식을 가졌고, 1684년 7월 31일 항주에서 첫 서원(初願)을 바쳤음을 확인할 수 있다. 章文欽, 『吳漁山及其華化天學』, 中華書局, 2008, 118~119쪽 참고.

라트 신부를 대신해 비단과 백금을 하사한 황제의 관심과 은혜에 감사하는「代遠西先生謝恩賜飲葡萄漿並靑緞白金」27) 시를 지어 올렸다는 사실을 통해 오어산이 마카오에 머문 시간은 대략 1680년 연말에서 1684년 사이였음을 알 수 있다고 하였다.28)

본문에서는 오어산이 마카오에서 머문 삼사년의 기간을 예수회에 입회한 날을 기준으로 전후 두 시기로 구분하고,『오중잡영』30수의 대부분은 예수회 입회 전에 지어진 것이며『성학시』는 입회 후에 창작되었을 가능성을 살펴보고자 한다. 먼저, 오어산이 마카오에 도착한 후부터 1682년 7월 31일 예수회에 입회하기까지의 생활을 살펴보자.

> 묵정도인(墨井道人)은 나이 오십에 성바오로학원에서 도를 공부하였다. 2층 방에서 자고 먹고, 바다의 조수를 관망하며 보낸 날이 이미 5개월을 지났다. 티끌세상에서 고향과 가족을 그리며 지낸 50년을 떠올리며, 세상의 시끄러움에서 벗어나 파도를 지켜보는 지금과 비교하지만, 지금의 선택이 옳고 지나온 날들이 잘못되었는지 깨닫지 못하고, 큰 바다와 세상 가운데 어디가 더 위험한지도 알지 못하겠다. 붓을 찾아 그림을 그려내니 진리를 분명히 가려내는 눈을 가진 이는 반드시 나에게 가르침을 주실 것이다.29)

성소(聖召)를 받아 마카오에 도착한 후 이미 5개월이 지났지만 오어

---

27)『三餘集』,「代遠西先生謝恩賜飲葡萄漿並靑緞白金」: "丹陛艫呼二遠臣, 葡萄滿賜一杯春. 天顏喜近知君貴, 玉語忻聞慰道貧. 縹帶御爐香篆下, 金分扇月射光新. 秣陵駕幸沾殊寵, 奪錦無才愧客身."

28) 方豪(1971),「吳漁山神父領洗年代, 晉鐸地點及拉丁文造詣考」,『吳漁山(歷)研究論集』, 崇文書店, 138쪽.

29)「墨井題跋」第六十九,『吳漁山集箋注』卷五: "墨井道人年垂五十, 學道於三巴, 眼食第二層樓上, 觀海潮度日, 已五閱月於茲矣. 憶五十年看雲塵世, 較此物外觀潮, 未覺今是昨非, 亦不知海與世孰險孰危. 索筆圖出, 具道眼者, 必有以敎我."

산은 아직도 자기의 결정에 대해 자신하지 못하였다. 또한 목숨을 걸고 큰 바다를 건너 서양으로 가는 것이 과연 옳은지에 대해서도 확신을 갖지 못하고 있었다. 하지만 오어산은 진리를 분별하는 권능을 가지신 분이 있어 자기의 앞길을 바르게 이끌어 주실 것이라는 믿음을 잃지 않았고, 마침내 가비아니 주교의 권유를 받아들여 마카오에서 도를 공부하기로 결정하였다.

현재의 예수회 양성과정에 따르면 예수회에 입회하고자 하는 사람은 약 1년간의 지원기를 보내야만 하는데,[30] 이러한 상황은 당시에도 별 차이가 없었을 것으로 보인다.『오중잡영』30수에 수록된 시편들을 보면 오어산은 수도원 주변의 산에 올라 멀리 사방을 관망하고, 마카오의 자연환경뿐만 아니라 서양인・흑인・단민(蛋民) 등 현지인의 생활상을 묘사하였으며, 인근의 섬을 여행하며 삶과 죽음의 의미를 회상하고, 술집에 들러 시간을 보내기도 하였던 것 같다.[31] 이러한 생활은 수련기를 지내는 수사들에게 허용되지 않은 일들이었을 것이다. 또한 오어산은『오중잡영』30수 모두에서 지명, 종교 활동, 현지인의 생활과 문화 등에 관해 짧은 주석을 달아 시의 내용을 이해하는 데 도움을 주고자 하였다. 이를 통해『오중잡영』은 오어산이 마카오에 도착한 후부터 예수회에 입회하기 전까지 자신의 생활과 함께 현지의 자연환경과 인문환경 등에 대해 가졌던 호기심을 표현한 것이라 추측할 수 있다.

1682년 7월 31일, 정식으로 예수회에 입회한 오어산은 시몬 하비에르(Simon Xaverius, 西滿 沙勿略)라는 수도명을 받고 수도회의 고유한 수도복을 입고 수련원, 즉 그가 이야기한 정원(靜院)에서 "예수님을 알고,

---

[30] 예수회 성소실,「예수회 양성과정」, http://blog.daum.net/vocsj/429.
[31] 최낙민,「예수회신부 吳漁山의『三巴集・澳中雜詠』을 통해 본 해항도시 마카오」,『中國學』43, 2012 참고.

예수회를 알고, 자기 자신을 아는"32) 수련수사(初學修士)로서 수련기를 시작하였다. 그는 예수회의 회헌을 학습하고 라틴어와 신학, 교리에 관한 여러 책들을 읽으며33) 예수회원으로 살아갈 수도생활의 기초를 다지게 되었다. 오어산은 예수회의 전반적인 생활양식과 함께 영신수련을 통해 "자기가 죄인이면서 이냐시오와 같이 예수의 벗으로 부름받았음을 인식"하고 설립자 이냐시오의 카리스마를 학습하게 되었으며, 신앙을 수호하고 전파하기 위해 '파견'될 준비를 하게 되었다. 『성학시』에 수록된 교리와 전례에 관한 시편들, 예수회 관련 시편들 대부분은 이 시기에 창작되었을 것으로 생각된다.

늦깎이로 예수회 수련자가 된 오어산은 마카오에서 삼사년을 학습하는 동안 학업에 있어 큰 진보가 없었음을 안타까워하는 여러 편의 시를 남겼고, 당시의 심정을 "빛나는 주님의 이름을 현양해야 하나, 뜻하지 않게 마장을 만나니 화가 창궐한다"34)고 표현하였다. 오어산은 학업을 방해하는 여러 가지 마장을 타파하고, 수련에 매진하기 위해 극단의 조치를 취하고자 했다. 그것은 바로 지금까지 노모를 공양하고 가족을 부양할 수 있게 하고, 화가로서의 명예를 가져다 준 그림 그리기와 시 짓기를 포기하겠다는 것이었다.

> 늙어감에 누구라 젊은 날을 보상해 주리오,
> 매일같이 배우고 익히지만 더디고 더딤이 두렵네.
> 오랜 습관 때문이라 여겨 먼저 벼루를 불사르고,
> 그림 그리기를 그만두고 시 짓기도 폐하려네.35)

---

32) 예수회 성소실, 「예수회 양성과정」, http://blog.daum.net/vocsj/429.
33) 李杕, 「吳漁山先生行狀」: "明年, 先生入會. 初學會規, 兼讀辣丁神學敎律諸書."
34) 『三巴集·聖學詩』, 「佚題」 第六首: "赫赫主名應顯揚, 偶遭魔障禍方昌."

방호 신부는 오어산이 그림과 시를 포기하고자 한 원인에 대해 예수회의 규칙[會規]이 불허했을 가능성과 함께 학습에 대한 부담감을 제기하였다.36) 오어산이 위의 시에 남긴 "내가 수도 생활을 배우는 것에 대한 허가가 내려졌다"는 주석의 내용을 참고한다면 예수회의 규칙에 따라 지도자들이 수행에 방해가 되는 비종교적인 활동을 금지했을 가능성이 더 높아 보인다.

하지만 우리는 오어산이 마카오에서 남긴 가톨릭 교리와 전례, 성사 등을 노래한 『성학시』 80여 수를 마주하고 있다. 그렇다면 오어산은 왜 시를 짓지 않겠다는 다짐에도 불구하고 "다른 어떤 시를 짓는 것보다 어렵다"고 한 천학시를 남기게 되었을까? 그 이유에 대해서는 개인적인 것과 교회적인 것 두 가지 가능성을 생각해 볼 수 있다.

먼저 개인적인 이유를 생각해 보자. 명말 알레니(Giulio Aleni; 艾儒略) 신부는 『구탁일초(口鐸日抄)』에서 옛 현인들이 천당이라는 보상을 논하면서 그 특별한 것에 세 개의 등급이 있다고 하였다. 하나는 천주와 그 교회를 위해 목숨을 희생하는 것(致命)이고, 하나는 평생 동정으로 살아가는 것(童貞)이며, 마지막 하나는 책을 지어 거룩한 가르침(聖敎)을 밝히는 것이다. 대저 '치명'과 '동정'은 우리 같은 사람들이 쉽게 얻을 수 있는 것이 아니지만, 저서를 통해 '성교(聖敎)'를 밝히는 것은 믿음이 있고 능력이 있는 사람이라면 모두 노력하여 능히 할 수 있는 일이라고 하였다.37) 신부가 되기 전 이미 두 번의 결혼을 했던 오어산

---

35) 『三巴集・澳中雜詠』第二十八首.

36) 方豪, 「吳漁山神父領洗年代, 晉鐸地點及拉丁文造詣考」, 『吳漁山(歷)研究論集』, 崇文書店, 1971, 138쪽.

37) 艾儒略等口鐸, 李九標等筆記, 『口鐸日抄』, 下冊. "昔賢論天堂之賞, 其異數者有三等, 一致命, 一童貞, 一著書以明聖敎. 夫致命童貞, 亦吾人不易得之事. 若著書以明聖敎, 凡有心有力者, 皆可勉而能也."

은 "일찍이 죄 많았던 저를 용서하시고 기꺼이 받아주시어, 몸과 정신이 편안한 곳에 거하니 눈물이 옷을 적시네"[38]라고 회개하였다. 동정을 지킨다는 것이 이미 불가능하고 순교의 가능성도 없었던 그에게 마지막 남은 가능성은 바로 거룩한 가르침을 밝힐 책을 짓는 것이었고, 오어산은 분명 충분한 능력을 갖춘 사람이었다. 때문에 오어산이 "이전에 지은 죄를 속죄하기 위해 천주와 성모, 천사와 성체를 찬미하는 여러 시편을 지었다"[39]는 견해를 밝힌 피스테르(Louis Pfister; 費賴之) 신부의 말은 설득력이 높아 보인다.

다음으로 교회적인 이유를 생각해보자. '강희역옥' 이후 그리스도교의 교리를 조목조목 비판한 양광선(楊光先)의 『부득이(不得已)』가 유행하면서 천주교에 대한 지식인들의 경계와 비판이 늘어가고 있었다. 비록 루도비코 불리오(Ludovico Luigi Buglio; 利類思) 신부가 『부득이변(不得已辯)』을 통해 양광선이 제기한 의문에 대해 해명을 진행하였지만 그 효과는 만족스럽지 못했다. 예수회 지도자들의 입장에서는 이미 화가로서 시인으로서 상당한 명성을 가진 오어산이 중국 지식인들의 중요한 교제수단인 시를 통해 삼위일체이신 하느님에 대한 흠숭과 성모 마리아에 대한 사랑을 밝히고, 교회의 교리를 담아 낸 천학시를 창작해 낼 수만 있다면, 이는 새로운 교우를 교육하고 지식인들에게 선교할 때 보다 유용한 도구가 되리라 생각했을 가능성이 존재한다는 것이다. 예수회에 입회한 오어산이 수도자명을 시몬 하비에르라고 정한 것은 사도시대 이후 가톨릭교회의 가장 위대한 선교사[40]라고 불리는

---

38) 『三巴集 · 聖學詩』, 「誦聖會原流」 第十首: "曾是多愆容接近, 形神飫處淚霑裳."
39) 費賴之, 馮承鈞 譯, 『在華耶穌會士列傳及書目』 上册, 1995, 397쪽; 章文欽, 『吳漁山及華化天學』, 258쪽.
40) 조지프 틸렌다, 박병훈 역, 『예수회 성인전』, 이냐시오영성연구소, 2014, 327쪽.

성 하비에르의 정신을 계승하고자 하는 의지의 표현이었다. 수사 오어산은 더 이상 아름다운 시 구절을 얻기 위해 절차탁마하기를 원하지 않았고,[41] 천학시 창작을 통해 입회 전에 지은 죄업을 속죄하고, 선교의 사명을 완수하여 하느님의 구원을 받아 천당에 들어 영생을 누릴 수 있기를 희망하였던 것이다.

이상의 내용을 간단히 정리하면 마카오에 처음 도착한 오어산은 화가로서의 관심을 드러내어 현지의 자연풍광과 생활상 등 그리스도교 교리와 약간의 거리가 있는 시를 창작하였다. 하지만 1682년 예수회에 입회하여 정식 수사가 된 후 예수회 지도자들의 가르침을 받게 된 오어산은 새롭게 학습하게 된 교리와 전례, 예수회 성인들에 대한 송찬을 내용으로 한 천학시를 짓기 시작했을 것이다. 또한 "천학시를 짓는 것은 다른 어떤 시를 짓는 것보다 어렵다"라는 오어산의 회고는 천학시가 단순히 개인의 정감을 드러내는 것이 아니라 그리스도교 교리에 대한 학습과 수행이 결합되어야 했기 때문이며, 그리스도교에 대한 중국 지식인의 오해를 해소하고자 하는 선교의 목적도 포함되었기 때문이라 생각된다. 예수회가 오어산을 "중국문학에 정통한", "독서수사(讀書修士)"라고 높이 평가한 것은 천학시 창작을 통해 선교의 사명을 다하고자 한 오어산의 노력을 충분히 인정한 결과일 것이다.

3. "성명지성(聖名之城)"과 『오중잡영』

마카오에 도착한 후, 성바오로학원에 부속된 3층 건물의 2층 방에

---

41) 『三巴集·聖學詩』, 「誦聖會原流」, 第五首: "願隨霞珮聽高唱, 豈獨驪珠輝一篇."

거주하게 된 오어산은 서양으로의 항해를 준비하며 대림절에서 성탄절, 사순절로 이어지는 마카오의 그리스도교 종교 활동에 참가하고, 그 감회를 칠언절구에 담아내었다.

아기 예수의 탄생을 기리는 성탄절 4주 전부터 시작되는 대림절은 자신의 죄를 속죄하면서 예수 그리스도의 첫 번째 오심을 기념하는 성탄을 기다리는 기간이다. 전례력의 한 해가 시작되는 대림 제1주일에 성 프란치스코 하비에르 대축일이 있었다. 당시 마카오의 교회들은 예수님이 십자가에 못 박힌 것은 인간에게 영원한 생명의 길을 열어 주고자 스스로를 희생하신 사랑임을 알리기 위해 자주 성체 행렬을 거행하고 있었다.42) 또한 15세기 대항해시대 이후 서양 그리스도교인들의 종교 활동과 마찬가지로 교인들의 단결과 집단의식을 강화하기 위해 지역교회의 주보성인을 위한 신심행렬을 중시하였다.43) 특히 마카오의 거주민들은 중국 선교를 계획했지만 끝내 중국 땅에 발을 딛지 못하고 상천도(上川島)에서 선종한 하비에르 성인에 대해 각별한 애정을 가지고 있었고, 로마 교황청이 시성(諡聖: 1622)하기 전부터 그를 추도하는 신심행렬을 진행하고 있었다.

---

42) 『澳門記略』에 따르면 "년 중 天主出遊 행사가 펼쳐졌는데 바오로성당(三巴)에서는 10월, 도밍고성당(板樟堂)에서는 3월과 9월, 仁慈堂(支粮廟)은 3월, 베드로성당(大廟)에서는 2월과 5월 그리고 6월 세 번 진행하였다"고 한다.(歲中天主出游, 三巴則以十月, 板樟以三月九月, 支粮三月, 大廟則二月五月六月凡三.)

43) "당시 그리스도인들은 미사 전례보다 성지 순례나 종교적 신심 행렬(당시의 종교적 행렬은 성체 거동, 성모 행렬, 아기 예수 행렬 및 지역 교회의 주보성인이나 성녀 등을 들 수 있다)에 적극적으로 참여하였다. 그리고 성모 신심이나 고유한 성인들에 대한 공경은 그리스도의 신비에 바탕을 둔 성사적 의미보다, 기복적이고 자기만족에 기본을 둔 신앙적인 측면에 더 많은 관심을 가지고 있었다." 조학균, 『그리스도와의 만남, 미사』, 성바오로, 2008, 111~112쪽.

초를 밝혀 높이 들고 성인(聖人)의 오심을 환영하니,
펄럭이는 깃발에 예포 소리는 우레와 같네.
화초로 장식된 네거리는 비단 같이 푸르고,
구경꾼들이 밟아 먼지를 일으키지 못하게 하네.[44]

신심행렬이 진행되면 포대에서는 하비에르 성인을 기념하기 위해 21발의 예포를 쏘고, 주교를 비롯한 성직자와 지역 귀족은 물론 일반인들이 성인의 팔뼈를 보관한 성해함을 모시고 행진을 시작하였다. 머리를 풀어헤치고 천사의 날개를 장식한 옷을 입은 어린아이들이 노래를 부르며 행렬을 뒤따랐다. 하비에르의 모습이 그려진 깃발을 앞세운 퍼레이드에는 마카오의 모든 주민들이 함께 참가하였고, 출유행사는 정성스럽게 장식된 거리를 돌아 그의 생애를 그려놓은 그림들로 가득한 성바오로학원 광장에서 멈췄다.[45] 예수회 입회 이후 하비에르라는 수도명을 받은 오어산은 그를 "예수회의 동량일 뿐만 아니라, 진실로 아시아의 자애로운 아버지이시다"[46]라고 송찬하며 그에 대한 존경심을 표현하였다.

하비에르 대축일 행사가 끝이 나고, 원죄 없이 잉태하신 동정 마리아 대축일이 지나면 마카오의 교회들은 성탄절을 위하여 아름다운 크리스마스 장식을 준비하고 예수님의 탄생을 상징하는 조형물들을 설치하여 성탄절 분위기를 고취시켰다. 오어산은 중국 내지의 교회에서는 볼 수 없었던 작은 등불이 반짝이는 크리스마스트리와 마카오의 거

---

[44] 『三巴集·澳中雜永』第四首, 吳漁山注: "沙勿略聖人出會, 滿街鋪花與草爲敬, 街名畏威懷德."

[45] Liam Matthew, BROCKEY, *Journey to the East: The Jesuit Mission to China, 1579-1724*, Harvard Univ Pr, 2008, p.1.

[46] 『三巴集·聖學詩』, 「聖方濟各沙勿略」: "非止本會之棟梁, 實乃亞西亞之慈父."

주민들이 하나가 되어 즐기는 성탄절 모습을 시 속에 담아내었다.

> 수많은 등불이 반짝이는 작은 숲 끝,
> 비단으로 만든 구름과 산봉우리, 밀랍으로 꾸민 꽃.
> 이렇게 꾸민 겨울 산 앞에서 다함께 축하하며 즐기니
> 흑인들의 춤사위 비파소리에 화답하네.[47]

신자들은 겨울이 없는 마카오에서 겨울 산을 꾸미기 위해 나무로 단단한 바위를 만들고, 비단으로 높은 산들을 꾸미고, 밀랍을 붉고 푸르게 물들여 꽃과 나무를 만들었는데 오어산은 그 모양이 마치 무대(鼇山)와 같았다고 기록하였다. 또한 흑인노예들이 비파소리에 맞춰 흥겹게 노래하고 춤을 추는 모습을 한 폭의 그림처럼 펼쳐 놓았다. 서양인과 흑인, 그리고 중국인들이 하나가 되어 보내는 크리스마스행사는 해항도시 마카오에서만 볼 수 있는 특별한 장면이었다. 마카오의 역사와 문화를 기록한 『오문기략(澳門記略)』 속에도 크리스마스 활동에 대한 내용이 없기 때문에 오어산의 이 시는 크리스마스를 전후한 당시 마카오 그리스도교인들의 생활을 엿볼 수 있는 중요한 사료라고 할 것이다.

마카오에서 '천주의 성모 마리아 대축일'이기도 한 새해 첫날을 보낸 오어산은 그리스도의 십자가를 생각하며, 회개와 기도, 절제와 금식, 깊은 명상과 경건한 생활을 통해 수난의 길을 걸어가신 예수님을 기억하며 그 은혜에 감사하는 사순절을 맞았다.

---

[47] 『三巴集・澳中雜詠』 二十七首, 吳漁山注 : "冬山以木爲石骨, 以錦爲山巒, 染蠟紅藍爲花樹, 狀似鼇山. 黑人歌唱, 舞足與琵琶聲相應, 在耶穌聖誕節前後."

누런 모래밭 초라한 집에 흑인이 살고,
문 앞의 버드나무는 물 억새마냥 가을에도 무성하네.
깊은 밤 단민(蛋民)들의 배가 이곳에 정박하니,
재주(齋廚)에서 준비한 점심에는 싱싱한 생선이 오르네.48)

사순절 기간에는 오후에 소식(素食) 한 끼만을 허용하되 육식을 금하고 해산물은 허용하였다. 이 기간에는 아직 붉고 달콤한 여지(荔枝)도 익지 않고 죽순도 나지 않았기 때문에 식사를 준비하는 주방에서는 선상에서 생활하는 단민들에게서 준치나 숭어와 같은 생선을 구입하여 올리브유로 구워 성직자들과 교회의 학생들에게 제공하였다. 오어산의 시는 사순절 기간 동안 마카오의 성직자와 교인들이 지키고 있던 공재(公齋)49)에 대한 중요한 기록이다.

『오중잡영』속에 수록된 종교 활동 관련 시편들을 보면 그 종교 활동을 통해 예수 그리스도가 인간을 위해 행하신 사건들을 기억하고, 이를 통해 그리스도를 체험하는 그리스도교인으로서의 모습보다는 본토의 교회에서 경험하지 못했던 행사 그 자체에 관심을 보이고 있는 자연인 오어산의 모습이 더 두드러진다. 이를 통해 '신의 이름의 도시' 마카오를 방문한 그가 현지에서 받았던 종교적, 문화적 충격의 일면을 유추해 볼 수 있다.

쿠플레 신부와 함께 유럽으로 가고자 했던 오어산의 계획은 현지 종교지도자들의 반대로 무산이 되었다. 하지만 예수회 원장 가비아니 주교의 권유를 받아들여 성바오로학원에 남아 수도자의 길을 걷게 된 오

---

48) 『三巴集・澳中雜詠』第三首, 吳漁山注: "黑人俗尚, 深黑爲美, 淡者爲醜. 魚有鰳鯔兩種, 用太西阿里襪油炙之, 供四旬齋素."
49) 마테오 리치, 『天主實義』第五篇: "或餐時味皆有所拘, 只午時茹素一頓, 而惟禁止肉食屬陽者, 其海味屬陰者不戒, 此謂公齋."

어산은 그곳의 생활을 엿볼 수 있는 중요한 시들을 남겼다.

> 수련하며 배우지만 해외에서 온 스승을 만나기 어렵고,
> 먼 곳에서 모인 학생들은 모두가 아이들이라네.
> 어찌하여 일과(日課)를 묘시(卯時)와 유시(酉時)로 나누었을까
> 조용히 요령 소리를 들으며 아침저녁으로 공부한다네.50)

오어산이 정원(靜院)이라 불렸던 성바오로학원은 동아시아 지역 예수회의 순찰사이며 관구장이었던 알레산드로 발리냐노가 동아시아 지역에 설립한 최초의 유럽 중세식의 고등교육기관이었다. 오어산은 위시의 주석을 통해 그가 공부했던 양성 공동체를 '서관(書館)'이라 불렀고, 교육과정은 대학(大學; 대신학교)과 소학(小學; 소신학교)으로 나누어져 있으며, 일과 시간은 묘시와 유시 두 번 진행된다고 기록하였다. 오어산과 함께 유럽으로 갈 예정이었던 육희언도 이곳을 '의숙(義塾)'이라 칭하고 영재들을 가르쳤을 뿐만 아니라 더벅머리와 노예들도 교육하였으며, 모두 소학에 입학하여 배우고 소학이 이루어지면 대학에 올라간다. 배움에 통달하고 지혜가 밝아지면 혹자는 수도생활을 혹자는 경영에 종사하게 되는데 스스로 결정할 수 있었다고 기록하고 있다.51) 이를 통해 아직 정식으로 예수회에 입회하지 않았던 오어산과 육희언은 성바오로학원에 병설된 양성 공동체에서 어린 아이들과 함께 기초적인 교리수업을 받으며 수도자의 길을 준비하고 있었음을 알 수 있다.

---

50) 『三巴集・澳中雜詠』第二十五首, 吳漁山 自註: "書館有大學小學, 課讀只卯酉二時, 搖銅鈴上學."

51) 陸希言, 『墺門記』: "而又設立義塾, 不特教其英才, 卽牧豎廝養, 咸得就小學而學焉, 小學有成, 升入大學. ……學旣通明, 或願修道, 或欲經營, 仍任其自主焉."

현지의 문화에 적응하고 토착화하기 위한 선교정책을 펼친 예수회 지도자 발리냐노는 토착 언어에 대한 인식을 새롭게 하고, 선교사들이 토착 언어를 배우는 데 매진할 수 있도록 수도회 차원의 모든 노력과 배려를 아끼지 않았고, 토착 성직자와 현지인 지도자 양성을 위한 교육을 중요한 선교정책의 하나로 제시하였다.[52] 또한 발리냐노는 서양에서 온 선교사들이 중국 내지로 들어가 선교 사업을 하기 전에 반드시 성바오로학원에서 중국어와 중국문화를 배우도록 하였다. 오어산은 동서양에서 모여든 수도자들이 언어의 차이를 극복하고 서로를 이해하기 위해 펼쳤던 노력을 다음과 같이 적고 있다.

등불 아래 제 고향 말은 동서양이 서로 달라,
이해하지 못한 바는 필담이면 통하려나.
나는 파리 대가리처럼 쓰고 그대는 파리 다리처럼 쓰니,
가로로 보고 세로로 읽어보지만 더욱 이해하기 어렵네.[53]

오어산은 필담을 나눌 때도 자기가 쓰는 라틴어 자모는 마치 파리의 대가리처럼 보이고 서양 선교사들이 적어내는 문자는 파리 다리처럼 생겼으며, 종으로 써내려가는 한자와 달리 횡으로 적어가는 라틴어를 읽어 내는 것이 몹시 낯설고 어려웠음을 형상적으로 보여주고 있다. 오어산의 학업에 대한 열정은 학원에서 숙사로 이어졌고, 밤에서 새벽

---

[52] 성바오로학교의 커리큘럼에는 신학, 윤리학, 과학, 예술, 수사학 등을 라틴어로 배우도록 하였고, 이 커리큘럼은 르네상스 이후 유럽의 커리큘럼과 큰 차이가 없었다. 김혜경, 『예수회의 적응주의 선교』, 서강대학교출판부, 2012, 197~207쪽; 심백섭, 2004, 「알레산드로 발리냐노와 적응주의 선교 방식」, 『종교와 문화』 10, 서울대 종교문제연구소 참고 바람.
[53] 『三巴集·澳中雜詠』第二十六首.

까지 계속되었다.

> 붉은 여지나무 가지 끝으로 달은 다시 서쪽으로 기울고,
> 일어나 바람과 이슬을 마주해도 눈은 여전히 침침하네.
> 등불 앞 이곳은 학당이 아니고
> 들리는 것은 종소리일 뿐 닭 울음소리 아니라네.54)

오어산의 시는 바오로학원이 동서양의 문화를 서로 배워가는, 그리고 중국어와 외국어에 능통한 인재들을 양성하고 성사를 집행하기 위한 라틴어를 학습하는, 그리하여 선교의 책임을 다할 수 있는 선교사를 양성하는 동방 선교의 요람이었음을 잘 보여주고 있다. 힘든 학습과정을 통해 라틴어로 교리와 전례를 진행할 수 있게 된 오어산 등 중국인 수사들은 어렵게 중국어를 학습한 서양 선교사들과 함께 중국 내지에 천주교를 전파했을 뿐만 아니라 동서 문화교류의 교량의 역할을 담당하게 되었다.

오어산의 『오중잡영』 속에 포함된 광의의 천학시는 신의 이름의 도시라고 불렸던 마카오의 종교 활동뿐만 아니라 성바오로학원에서 수학하는 수도자들의 모습을 생생하게 기록하고 있지만, 그 종교 활동이 갖는 교리적인 의의를 충분히 설명하고 있지는 않다. 가톨릭 교리와 전례에 대한 오어산의 이해는 『성학시』 82수에 표현되어 있다.

---

54) 『三巴集·澳中雜詠』 第十九首.

4. "성명지성(聖名之城)"과 『성학시』

『오중잡영』에 포함된 시들을 광의의 천학시라고 한다면, 『성학시』 82수는 상대적으로 협의의 천학시라고 부를 수 있을 것이다. 특히 「성교회의 근원을 읊다(誦聖會原流)」 12수, 「성 교회의 진리를 노래하다(感詠聖會眞理)」 9수, 「칠극송(七克頌)」 7수, 「거룩한 교회의 은혜에 감사하며(感謝聖會洪恩)」 2수 등의 연작시는 수사 오어산 하비에르의 가톨릭 교리와 전례 등에 관한 이해의 정도를 잘 보여주고 있다. 아래에서는 그의 천학시를 교리, 전례, 가톨릭교회와 예수회에 관련된 내용으로 나누어 살펴보고자 한다.

1) 교리시(敎理詩)

1680년 겨울 마카오에 도착한 오어산과 육희언 등은 1682년 7월 31일, 예수회의 창립자 성 이냐시오 데 로욜라의 기념일 날 정식으로 예수회에 입회하여 정결(絶色)과 청빈(絶財), 그리고 순명(絶意)과 함께 오직 장상의 명에 따를 뿐만 아니라 높은 곳에 거하지 않겠다고 하는 절위(絶位)의 서약을 했다.[55] 오어산은 새롭게 입회한 수도자들과 함께 매일 성무일도를 하고 하느님의 존재, 삼위일체이신 하느님, 하느님의 아드님 예수 그리스도의 강생 구속, 하느님의 심판과 영생에 대한 천주교의 네 가지 근본 교리[56]와 예수회의 회헌 등에 대해 본격적인 학습에 들어가게 되었다.

---

[55] 陸希言, 「璞門記」: "不特絶色絶財, 幷絶意而惟順長之命, 且絶位而無居上之心."
[56] 주교회의 교리교육협의회, 『한국 천주교 예비 신자 교리서-개정판』, 한국천주교중앙협의회, 2015, 142쪽.

성경과 그리스도교 신학의 가장 근본적인 가르침은 하느님이 존재하며, 그분이 궁극적으로 우주를 다스리신다는 것이다.57) 하지만 '강희역옥' 이후 많은 중국 지식인들은 "무릇 하늘은 음과 양의 두 기운이 엉켜서 이루어진 것이지 만들어낸 자가 있어서 이루어진 것이 아니다"58)라는 양광선의 주장에 동조하고, 그리스도교에서 이야기하는 하느님의 존재와 그분에 의한 천지창조를 부정하였다. 하지만 새롭게 그리스도교 교리 학습을 시작한 오어산은『부득이변』이라는 책을 통해 양광선의 주장에 반론을 제기한 루도비코 불리오(Ludovico Luigi Buglio; 利類思) 신부의 견해를 좇아 음양의 기운이 만물을 창조한다는 정주이학(程朱理學)을 부정하고 시작됨도 없고 마침도 없는 영원한 존재이시며, 만선만덕(萬善萬德)을 갖추신 전능하신 주재자 하느님이 세상을 창조하셨다는 믿음을 시로 드러내었다.

> 세상이 처음 창조되고,
> 땅은 그 중앙에 위치하였네.
> 사계절에 봄날이 오래 지속되니,
> 봄여름가을에도 바쁠 필요가 없었다네.
> 이승의 삶이 모두 지극한 즐거움이었고,
> 그 수명 또한 끝이 없었다네.
> 낙원을 찾기 힘들다 탄식마시라,
> 지금 다시 강녕(康寧)을 내리셨으니.59)

---

57) 알리스토 맥그래스 외, 전의우 역,『한권으로 배우는 신학교』, 규장, 2012, 90쪽.
58) 楊光先,『不得已』,「闢邪論」上: "夫天二氣之所結撰而成, 非有所造而成者也." 利類思,『不得已辯』. 본문에서 인용한『不得已』의 내용은 양광선·이류사·남회인이 짓고 안경덕·김상근·하겸심이 옮긴『부득이-17세기 중국의 반기독교 논쟁』(일조각, 2013)에서 가져왔다.
59)『三巴集·聖學詩』,「感詠聖會眞理」第二首.

오어산은 『성경』(구약의 창세기)의 내용에 근거하여 태초에 창조주 하느님이 세상을 만드시고, 흙을 빚어 아담과 하와를 만들어 에덴동산에 살게 하셨지만 인간의 원죄로 인해 낙원에서 쫓겨나고 추위와 노동에 고통 받게 되었음을 믿게 되었다. 나아가 인간을 사랑하시는 구세주 하느님이 그의 아들 예수 그리스도를 이 땅에 보내시어 인간을 구원하시고 다시 낙원으로 인도하실 것이라는 믿음을 시 속에 담아내었다.

창조주 하느님의 존재를 믿게 된 오어산은 "먼 옛날 혼돈(混沌)에 구멍을 뚫어 숨을 불어넣으시고, 한 줌 흙을 빚어 사람을 만드셨다"[60]라고 적었다. 이러한 표현은 반고(盤古)가 오랜 혼돈의 상태를 깨뜨리고 하늘과 땅을 나누었고, 여와(女媧)가 흙을 빚고 숨결을 불어넣어 인간을 만들었다는 중국의 창조신화를 연상할 수 있도록 하였다. 그는 천학시를 지으며 중국인들이 쉽게 이해하고 받아들일 수 있도록 천주교의 교리, 전례, 문화 등을 중국전통문화와 결합하고 유교나 불교, 도교의 개념과 용어를 차용하여 표현하는 격의(格義)의 표현법을 자주 활용하였다. 이것은 오어산의 천학시가 가진 중요한 형식적인 특징이라 할 수 있다.

천주교 신앙생활의 궁극적인 목표는 삼위일체이신 하느님을 알고 사랑함으로써 성삼위께서 이루시는 친교와 일치에 참여하는 것이다. 하지만 삼위일체 교리는 인간의 논리를 뛰어 넘는 신비로운 것이어서 쉽게 이해할 수 없는 것이었다.[61] 이미 세상을 창조하신 하느님과 세상을 구원하신 예수 그리스도를 믿게 된 오어산은 성부와 성자, 성령의 세 위격을 갖추어 삼위일체이신 하느님을 알고자 기도에 정진하고

---

[60] 『三巴集・聖學詩』, 「誦聖會原流」 第三首: "萬古鴻濛鑿竅吹, 一丸土塊走儀義."
[61] 주교회의 교리교육협의회, 『한국 천주교 예비 신자 교리서-개정판』, 한국천주교중앙협의회, 2015.

부지런히 노력하였다.

> 태극이 삼재(三才)를 품은 것은 오래고 막연하니,
> 진실로 혼돈(混沌)이라는 원기(元氣)에서부터 시작되었네.
> 이전엔 잔편(殘編)들을 통해 성(誠)과 명(明)과 선(善)을 알았다면,
> 이제는 성부와 성자와 성령이라는 오묘한 참뜻을 알게 되었네.
> 삼위일체의 참된 깨달음은 불을 일으키는 거울(火鏡)과 같고,
> 완전하신 큰 가르침은 해와 달이 하늘을 운행함과도 같다네.
> 성스러운 이름을 드러내 보이시고 서로 따르도록 안배하시니,
> 온 인간 세상에 천주의 복음이 가득하리라.[62]

서구의 학문전통에 기반한 선교사들은 '태극(太極)'에 대한 이해를 두고 이학자들과 첨예한 논쟁을 펼쳤다. 당시 유학자들은 태극을 '리(理)'라고 인식하고, '리'가 만물의 근원이라고 여겼지만 그리스도교 선교사들은 태극과 이기(理氣)를 조물주가 천지를 창조하는 사물의 소이연 즉 운동인, 형상인, 질료인과 목적인 중의 하나라고 인식하고 절대자 하느님에 의한 천지창조를 믿음의 출발로 삼았다.[63] 어려서부터 유학을 공부한 오어산은 "성(誠)은 하늘의 도이고, 성을 생각하는 것은 사람의 도"[64]라는 맹자(孟子)의 말씀과 "성(誠)함으로써 밝아지는 것이 성(性)이며, 밝음으로써 성하게 하는 것이 가르침이다"[65]라는 『중용(中庸)』의 가르침을 통해 성명선(誠明善)으로 천도(天道)와 천지본원(天地

---

[62] 『三巴集·聖學詩』, 「誦聖會原流」, 第十一首.
[63] 艾儒略, 『口鐸日抄』: "今觀儒者之解太極, 不出理氣兩字. 則貴邦所謂太極, 似弊邦所謂元質也. 元質不過造物主化成天地之材料, 不過天地四所以然之一端, 安得爲主? 又安得而祭之事之也哉!"
[64] 『孟子』, 「離婁」上: "誠者天之道也, 思誠者人之道也."
[65] 『中庸』: "自誠明謂之性, 自明誠謂之敎, 誠則明矣, 明則誠矣."

本原)을 이해하였다. 하지만 천주학의 교리를 믿게 되면서 "태극함삼(太極含三)"의 참된 뜻이 성부는 성자를 낳으시고, 성자는 성부께 낳음을 받으시고, 성령은 성부와 성자에게서 발하신다는 삼위일체라는 것을 믿게 되었다.

오어산은 하느님의 아드님 예수 그리스도의 강생과 구속(救贖)에 대한 교리도 시 속에 녹여내었다. 양광선은 아담 샬이 숭정제(崇禎帝)에게 바친 『진정성상(進呈聖像)』(1640)에 수록된 48장의 그림 중 예수를 떠받들어 모시는 장면을 묘사한 그림과 십자가에 못 박히는 그림, 십자가를 세우는 그림 이렇게 석 장의 그림을 통해 세상 사람들과 더불어 예수는 모반하였다가 나라의 법에 의해 사형당한 도적의 괴수이지 결코 본분을 지킨 양민이 아니었다는 사실을 드러내고자 하였다.[66] 중국에서 법과 질서를 지키는 유가 문인의 입장에서 그 같은 비판은 치명적이고, 문인들 중에도 이 비판에 적극 동조하는 사람들이 나타났다.[67] 오어산은 원죄 없이 이 땅에 강생하신 예수가 십자가에 못 박혀 다섯 곳의 상처를 통해 피를 쏟으시며 스스로를 희생하신 것은 모반을 꾀하는 도적의 괴수가 아니라 인간을 위한 하느님의 구원 행위일 뿐만 아니라 하느님의 자기 계시였음을 적극적으로 해명하고자 하였다.

지극하신 예수님의 사랑, 세상의 침몰을 근심하시네.
영광을 감추시고 이 땅에 내려 오시어, 크나큰 고통을 받으셨네.
당신은 고난의 십자가를 지시고, 자신을 희생으로 삼으셨네.

---

[66] 楊光先, 『不得已』, 「邪敎三圖說平」: "若望之進呈聖像共書六十四張, 爲圖四十有八, ……止摹擁戴, 耶穌及釘架, 立架三圖三說. 與天下共見耶穌乃謀反正法之賊首, 非安分守法之良民也."
[67] 데이비드 문젤로, 김성규, 『동양과 서양의 위대한 만남 1500-1800』, 휴머니스트, 2009, 114쪽.

남은 은총 한이 없어, 다시 뛰어난 사람들을 뽑으셨네.
뒤를 이은 사도들 가르침을 전하니, 그 족적 온 세상에 퍼졌네.
어리석음을 크게 깨우치니, 삼라만상에 새로운 생명을 얻었네.
크고 혁혁한 공적, 천고에 새로우시니.
자신의 영광 위함이 아니라, 주의 이름을 영원히 드러내기 위함이
시네.[68]

오어산은 예수 그리스도의 강생과 구원은 당신 아버지를 위한 사랑이며, 천주께서 구원하고자 했던 인간들에 대한 사랑으로 이 세상에서의 수난과 죽음을 기꺼이 받아들이심이라 믿었다. 또한 예수 그리스도께서는 우리가 보고 만지고 느낄 수 있는 완전한 인간으로 이 세상에 오시어 인류구원 사업을 성취하심으로써 하느님의 사랑을 우리가 체험할 수 있게 해주셨을 뿐만 아니라 직접 12제자를 받아들이시고 깨우쳐서 온 천하에 천주의 사랑을 전하셨다고 찬양하였다.

삶과 죽음이라는 본원적인 문제에 대한 답을 찾고자 그리스도교에 귀의하게 된 오어산은 사람이 죽으면 하느님 앞에 나아가 심판을 받게 되고, 그 결과에 따라 천국과 지옥 또는 연옥에 가게 된다는 하느님의 심판과 영생에 관한 사말(四末) 교리를 이해하고 받아들이게 되었다. 죽음에 대한 불안감과 두려움을 떨쳐내고, 심판 후에 천상에서 누리게 될 영원한 행복에 대한 희망을 품게 된 오어산은 사후의 천상세계에 대한 여러 시편을 남기고 있다.

헛된 세상에서의 시간은 얼마나 될까,
공명과 부귀는 구름처럼 연기처럼 사라지리.

---

[68] 『三巴集 · 聖學詩』, 「感謝聖會洪恩」第一首.

사후의 심판이 있지 않다면,
의를 취하고 인을 보존하신 성현의 공로도 부질없게 되리.[69]

양광선은 "천주교를 믿는 자는 천당에 오르고 믿지 않는 자는 지옥에 떨어진다고 한다. 정말로 그렇다면 천주는 사람들이 자기에게 아첨하기를 바라는 소인일 따름이니, 어찌 천지를 주재하는 일을 감당하겠는가"하고 비판하였다.[70] 오어산은 이러한 오해를 불식시키기 위해 "살신성인(殺身成仁)"을 설하신 공자와 "사생취의(捨生取義)"를 강조하신 맹자 등 '의(義)'와 '인(仁)'을 행하신 옛 성현들은 착한 사람은 칭찬하고 악한 사람은 벌하시는 하느님의 심판으로 모두 천당에 올라 영원한 복락을 누리셨음을 밝히고자 하였다.

명과 청이 교체되는 동란기를 살면서 수많은 죽음을 목격하고, 부모님과 두 아내를 비롯해 사랑하는 많은 사람들과 사별해야만 했던 오어산은 생명을 가진 모든 것들은 죽기 마련이고, 죽음 앞에서는 이 세상의 모든 부귀공명이 아무런 힘이 되지 못한다는 것을 절감하였다. 사말(四末)교리에 대한 믿음을 가지게 된 오어산은 항상 죽음 후에 누리게 될 영원한 행복을 생각하게 되었고, 하느님에 대한 교리적인 이해를 넘어 마음에서 우러나오는 신앙적 차원으로 승화하기 위해 열심히 전례에 참여하고 전교 사업에 힘쓸 것을 맹세하였다.

---

[69] 『三巴集・聖學詩』, 「佚題」 第十首四.
[70] 楊光先, 『不得已』, 「僻事論」 上: "奉之者升之天堂, 不奉之者墮之地獄. 誠然, 則天主乃一邀人媚事之小人爾, 奚堪主宰天地哉."

2) 전례시(典禮詩)

예수회에 입회하여 수사가 된 오어산의 일상은 예수 그리스도의 탄생과 생애, 죽음과 부활의 신비 등 하느님의 활동을 기억하고 경축하며 현재라는 시간 안에서 하느님을 다시 체험하는 교회달력 전례주년에 따라 진행되었다.[71] 예수회는 새로운 수사들이 전례를 통해 예수 그리스도가 인간을 위해 행하신 여러 가지 사건들에 대한 기억을 기념하게 하고, 이를 통하여 그리스도를 체험함으로써 그리스도인으로 존재함을 느낄 수 있도록 교육하였다. 오어산은 교회에서 신자들과 성직자가 함께 하느님께 드리는 공식적인 의식인 시간경, 미사, 성사와 준성사 등 전례활동에 관한 여러 편의 시를 창작하였다.

> 이내 몸은 고향을 떠나 타향에 있지만,
> 마음은 가까이 있는 듯 떨어져 있는 듯.
> 그리움이 일면 언제나 침묵 중에 기도드리고,
> 이마를 땅에 대고 절을 하며 번갈아 시편을 읊조리네.
> 세 번 종이 울리고 나면,
> 일곱 번 무릎 꿇고 경배하는 시간이 되네.
> 오직 주님의 뜻을 받들어 행하니
> 질박한 생활 속에도 즐거움이 있다네.[72]

수사 오어산 하비에르는 예수회의 성직자와 수도자들과 함께 매일 성경의 시편과 성서말씀, 기도문으로 이루어진 교회의 공적 공동기도 성무일도(聖務日禱 혹은 聖務日課)라고 부르는 '신성한 직무'를 수행하

---

[71] 조학균, 『그리스도와의 만남, 미사』, 성바오로, 2008, 120~124쪽.
[72] 『三巴集·聖學詩』, 「自述五律」 第一首.

였다. 잠자리에서 일어나 "주여 내 입시울을 열어 주소서. 내 입이 당신 찬미를 전하오리다"라는 아침기도로 시작되는 시간전례(時間典禮)는 잠자리에 들 때까지 일곱 번 기도를 올리며 종소리를 듣고 휴식에 드는 단순한 것이었다. 오어산은 오직 기도하고 묵상하는 수도자의 생활을 통해 문득문득 떠오르는 두 아들과 고향에 대한 그리움을 끊어내고, 오직 예수 그리스도의 뜻을 쫓아 그리스도와 일치하고자 하는 성직자로 변해가고 있었다.

매일 진행되는 시간경 뿐만 아니라 그리스도의 부활을 기념하는 주일미사는 수사 오어산 하비에르의 생활을 구성하는 중요한 부분이었다. 미사는 하느님께 부름 받아 모인 그리스도인들이 '말과 '표징'으로써 하느님께 드리는 '봉사'로, 그리스도인들은 미사 때 하는 행위로써 하느님께서는 우리에게 말씀하시고 활동하고 계신다고 믿었다.[73] 오어산은 예수의 부활을 기념하고 하느님 말씀의 선포(독서, 복음, 강론)와 보편 지향 기도로 이루어진 말씀 전례, 감사 기도(빵과 포도주의 축성)와 영성체 예식으로 이루어진 성찬 전례로 이어지는 미사의 진행과정과 미사에 참석한 신도들의 모습을 그의 시 속에 담아내었다.

> 천상의 신비로운 음악이 울려 퍼지니,
> 하느님 백성들의 영들은 기쁨으로 넘치네.
> 악기가 연주되고 쇠 호각소리 맑게 퍼지니,
> 그 음악 송경(誦經) 소리와 조화를 이루네.
> 성당 안의 등불은 밝게 빛나고,
> 생화는 끊임없이 향기를 피어내네.
> 이곳에서 겨우 하루를 보냈지만,

---

[73] 조학균, 『그리스도와의 만남, 미사』, 성바오로, 2008, 192~205쪽.

세상은 이미 천년이 지났네.74)

사람들을 불러 모으기 위해 울려 퍼지는 성당의 종소리, 미사 전례를 시작하고 함께 모인 교우들을 하나로 만들어 주는 입당송이 연주되면 교회에 모인 신도들은 기쁨 마음을 가다듬고 구원의 신비를 거행할 준비를 마친다. 미사에 참여한 오어산은 아름다운 향기를 피어내는 생화로 장식된 성당 안의 모습과 시작 예식에서 말씀 전례로 이어지는 미사의 과정을 묘사하고, 전례를 통해 하느님의 말씀을 듣고 기도를 통해 하느님과 대화하면서 성당에서 보내는 하루가 세상에서 의미 없이 지내는 천년보다 더 가치로움을 드러내고자 하였다.

성사는 눈으로 볼 수 없는 하느님을 체험하게 하고 하느님의 은총을 전해주는, 눈에 보이는 표징이라고 한다. 예수님께서는 교회 안에 일곱 가지 성사를 제정하셨는데, 이는 신앙생활의 중요한 단계나 시기와 관계되어 있다.75) 오어산은 자신처럼 어렵게 예수회에 입교하기로 결심한 한 교우의 세례성사에 참여하여 감회와 축하의 마음을 시 속에 담았다.

> 영원한 행복의 문이 이날 열리고,
> 은총의 빛과 축하가 하늘에서 내리네.
> 오랜 악습을 없애고 사탄의 군대를 물리치고,
> 참된 양식을 받아 들여 성태(聖胎)를 맺었네.
> 귀하도다! 이름을 의로운 아들의 명부에 올림이여,

---

74) 『三巴集·聖學詩』, 「感詠聖會眞理」第五首.
75) 일곱 가지 성사는 그리스도교 입문 성사인 세례성사·견진성사·성체성사, 치유의 성사인 고해성사·병자성사, 그리고 친교에 봉사하는 성사인 성품성사·혼인성사를 말한다.

> 영광되도다! 마음속에 큰 임금(천주)의 제대를 지음이여.
> 그대가 세상 사람들의 바람을 위무할 수 있고,
> 크고 너른 집이 지금 필요로 하는 돌기둥임을 알겠네.[76]

시를 통해 오어산은 죄악에 물든 과거의 죄를 용서받고, 오늘 세례 성사를 통해 성체와 성혈을 받아들이고 하느님의 참된 자녀로 다시 태어나 하느님의 새로운 백성인 교회의 일원이 된 교우를 축하하고, 이후 신앙 활동을 견고하게 하여 더욱 성숙한 신앙인이 되어 교회의 동량이 되기를 축복하고 있다.

특히 성사를 완결하는 사랑의 성사인 성체성사는 예수 그리스도께서 인류 구원을 위하여 받아들이신 십자가 희생 제사를 기념하고 재현하는 것으로, 언제나 교회의 공적 예배인 미사 중에 이루어지며, 예수 그리스도와 우리를 하나가 되게 하는 가장 큰 은총의 성사이기 때문에, 모든 성사의 중심이고 정점이라고 한다.[77]

> 즐거운 나라에서 풍성한 성찬을 준비하시고,
> 미천한 이를 가까이 부르시네.
> 보리빵을 먹음은 소찬이 아니고,
> 포도주에 취함은 마침이 없네.
> 구슬달린 면류관은 해와 달과 별처럼 빛나고,
> 금빛 나는 제의(祭衣)엔 오색 수가 놓였네.
> 제대 앞에 늘어선 덕 있는 분들,
> 아침과 저녁 환한 모습을 가까이 하네.[78]

---

[76] 『三巴集・聖學詩』, 「贈郭」.
[77] 주교회의 교리교육협의회, 『한국 천주교 예비 신자 교리서-개정판』, 한국천주교중앙협의회, 2015, 145쪽.

성체성사에 참가한 오어산은 그리스도의 성체와 성혈이 될 빵과 포도주를 준비한 제대, 최후의 만찬에 참가한 제자들처럼 세례 받은 신도들, 성대한 미사를 주관하는 황금빛 제의를 입은 사제들이 성령의 도우심으로 봉헌된 밀떡과 포도주를 그리스도의 몸과 피로 변하게 하는 모습, 이미 성체가 된 밀떡과 성혈로 변한 포도주를 마시며 인간을 위해 몸을 희생하신 예수 그리스도의 희생을 떠올리며 하나의 공동체를 형성한 신도들의 모습을 통해 성체성사의 전 과정을 짧은 시 속에 담아내었다.79)

미사가 끝나기 전에 사제는 미사에 참석한 이들에게 성삼위의 이름으로 강복을 행한다. 그리스도께 강복을 받은 사도들이 강복을 받고 자신들의 소명을 실천하였듯이 그리스도인들 역시 온 세상에 복음을 선포할 사명을 가지게 된다. 사제는 라틴어로 "Ite, missa est", 즉 "미사가 끝났으니 가서 복음을 전합시다"라고 하여 미사가 끝났음을 알리고 모든 신자들을 삶의 현장으로 파견하였다.

> 푸른 가지를 받아들며 개선가를 부르고,
> 하늘을 우러러보며 큰 바다를 건너네.
> 팔을 휘두르며 일어나 천하를 적다 여기며,
> 손에 손을 잡고 온 세상으로 나아가네.
> 기쁜 소식 전하여 산을 춤추게 하고,
> 생명의 숨 불어 넣어 물을 도도히 흐르게 하네.
> 천행으로 성모에 의탁하여,
> 이내 몸을 다윗의 성에 숨겼네.80)

---

78) 『三巴集·聖學詩』,「感詠聖會眞理」第四首.
79) 『三巴集·聖學詩』,「誦聖會原流」第九首 등에서도 성찬 전례의 모습을 형용하고 있다.

하느님의 부르심을 받아 위대한 성모의 교회 바오로 성당에서 생활하며 선교사로서 가져야 할 자질과 역량을 갖추어 가던 오어산은 성체성사를 통해 예수 그리스도의 사랑을 체험하고 하느님과 함께 가서 복음을 전하고, 실천하고, 평화를 나누기 위해 세상의 끝까지라도 선교의 길을 나서고자 희망하였다. 예수 그리스도를 대신하여 오어산을 세상으로 파견한 것은 바로 복음서를 손에 들고 대양을 건너 신의 이름의 도시 마카오로 온 예수회였다.

3) 송찬시(頌讚詩)

스페인의 귀족이며 군인이었던 이냐시오 데 로욜라(Don Inigo Lopez de Recade)에 의해 설립된 예수회는 1540년 9월 27일 교황 바오로 3세의 허가를 받아 로마 근처의 성 베드로 성당에서 정식으로 탄생했다.[81] 이 수도회의 목적은 "십자가의 깃발 아래 하느님의 군사로서 오직 주님만을 섬기고 그분의 지상 대리자인 로마 교황을 섬기는" 것이었다.[82] 때문에 예수회 수도자들은 다른 수도회처럼 청빈·정결·순명의 삼대 서약을 하고, 여기에 네 번째 서약인 '교황에 대한 충성서약'을 추가하였다. 예수회만이 가지고 있는 이 네 번째 서약은 수도회의 특별 서약으로 선교에 관한 한 교황께 무조건 순명한다는 뜻으로 '선교서약(ciraca missiones)이라고 한다.[83] 그들은 선교와 관련하여 교황과 수도회 장상의 명령이 있으면 세계 어느 곳이라도 가리지 않고 기꺼이

---

[80] 『三巴集·聖學詩』,「感詠聖會眞理」第九首.
[81] 후안 카트레트, 신원식 역, 『예수회 역사』, 이냐시오영성연구소, 2013, 21~22쪽.
[82] 예수회 기본법 제1항 cf. 예수회 한국 관구, 『예수회 회헌과 보충규범』, 2쪽.
[83] 김혜경, 『예수회의 적응주의 선교』, 서강대학교출판부, 2012, 145쪽.

선교의 길을 나서는 집단이었다.

오어산은 예수회의 설립이 유럽에서 진행된 종교개혁의 불길 속에서 개혁과 쇄신을 향한 교회와 세상의 시대적 요청에 따른 것이며, 이냐시오를 중심으로 한 초기 예수회 성현들은 예수그리스도의 뜻을 따르고 교황을 섬기는 집단임을 분명하게 이해하고 있었다.

> 찬란하게 빛나는 믿음의 빛이요, 어둠 속의 참된 빛이어라.
> 원수의 무리들 선동하는 곳, 온 세상이 어둡고 아득하네.
> 큰 은혜를 베푸시어, 법을 세우시고 잘못을 바로잡으셨네.
> 성현들이 모두 모이시니, 대의가 아름답게 펼쳐지네.
> 명망 높은 예수회원들, 굳건히 교리를 지키셨네.
> 위로는 하느님의 뜻에 따르고, 아래로는 국왕께 협력하시네.
> 황하 중류의 지주산(砥柱山)과 같이, 거친 물결을 두려워하지 않으시네.
> 큰 말씀이 모두 갖추어졌으니, 공경하여 지키고 잊지 않겠네.[84]

시에서 이야기하는 적의 무리들이란 종교개혁을 추진하던 신교도세력들을 이야기한다. 오어산은 종교개혁세력에 맞서 전통적인 교리체계를 변호하고 종교개혁자들이 내세우는 개혁신학의 내용들을 반박하며, 가톨릭교회와 교황의 권위를 회복하려고 노력한 예수회 설립자 성 이냐시오를 "인간세상 사랑의 불꽃이요, 임금을 가까운 곳에서 모시는 신하이셨다"[85]라고 찬양하였다. 나아가 이냐시오의 정신을 계승하여 해외 선교를 통해 그리스도교의 발전을 도모한 프란치스코 하비에르와 같은 예수회의 성인들에 대한 존경심을 드러내었다.[86]

---

[84] 『三巴集・聖學詩』,「感謝聖會洪恩」, 第二首.
[85] 『三巴集・聖學詩』,「聖依納爵」.
[86] 하비에르 이후 동방선교의 사명을 안고 마카오에 도착한 예수회는 알레산드

수사 오어산이 생활했던 예수회의 성바오로성당을 현지인들은 '삼파사(三巴寺)'라고 불렀다. 예수회는 마카오를 찾는 많은 사람들이 웅장한 성당건물과 함께 파사드에 새겨진 여러 조각들과의 대화를 통해 자연스럽게 그리스도교에 대한 관심을 가지도록 기획하였다. '바위에 새긴 성경'이라고도 불렸던 바오로성당의 파사드에는 사람의 해골을 부조하고 "죽음을 생각하는 사람은 죄를 짓지 않는다(念死者無爲罪)"라고 새겨 "모든 언행에서 너의 마지막 때를 생각하여라. 그러면 결코 죄를 짓지 않으리라"(집회 7,36)라는 그리스도교인으로서의 삶의 태도를 보여주고, 여성의 신체를 가진 마귀를 조각하고 "귀신은 사람을 유혹하여 악을 짓게 한다(鬼是誘人爲惡)"라고 적어 매순간 사람들이 받게 되는 유혹을 경계하도록 하였다.

오늘날에도 남아서 동서양 종교 교류의 역사를 보여주는 바오로성당의 파사드는 크게 5부분으로 구성되어 있는데, 최고 정상부의 삼각형에는 성령을 상징하는 청동 비둘기와 우주를 상징하는 네 개의 별이 새겨져 있다. 그 아래 4층에는 예수 그리스도의 동상이 봉안되어 있고, 3층에는 성모 마리아상이 봉안되어 있다.

> 열두 겹으로 에워싸인 하늘 제일 높은 곳,
> 천주의 궁전에는 또 다른 사계절이 있다네.
> 은은한 꽃향기는 장미꽃에서 피어오르고,
> 묵주의 찬란한 빛은 면류관을 쓴 성모님을 경배하네.
> 천상에서의 참된 복락을 구하려 한다면,

로 발리냐노의 영도 하에 문화가 깊고 외래 종교를 굳이 필요로 하지 않는 중국인들에게 그리스도교를 전파하기 위해 대화를 통한 적응주의적인 선교정책을 채택하였다. 예수회는 이러한 적응주의 선교정책을 유지하다가 1774년 해산 당하였다.

인간세상의 헛된 계획들을 반드시 끊어야 한다네.
다박머리를 한 몇몇 어린 여자아이들을 돌아보니,
날마다 성모님을 쫓아 따르며 노니는구나.87)

가톨릭교회에서는 성령의 가르침을 받아 우리와 교회의 모범이신 성모 마리아를 가장 사랑하는 어머니로 받들며, 그분께 자녀다운 효성을 바치기를 요구한다. 예수회의 설립자인 이냐시오는 특별히 성모님에 대한 사랑과 헌신으로 자신과 예수회에 대한 보호를 전구했고, 성모님께서는 아이를 돌보는 어머님 같은 따스함으로 언제나 예수회원들을 돌봐주셨다.88) 때문에 다른 수도회와 달리 예수회는 성모 마리아에 대한 특별한 애정을 표현하였다. 매일 성스러운 계단을 오르내리며 파사드에 봉안된 성모 마리아를 경애한 오어산은 즐거운 마음으로 성모의 사랑을 배우고 자녀로서의 효성을 다하는 어린 소녀들을 시 속에 담았다.

하지만 양광선 등 중국의 전통 사대부들은 "남녀가 교합하고 만물이 변화하며 생성되는 것은 정상적인 인도의 이치이다. 아비가 있고 어미가 있는 것은 사람의 자식에게 치욕이 될 수 없지만, 어미가 있고 아비가 없는 것은 사람의 자식으로서 불명예스러운 일이다"89)라고 하여 성모신앙에 대한 비판이 심했다. 오어산은 당시의 성모에 대한 비판을 의식하였는지 성모께서 하늘의 복음을 받으심을 경하하는 여러 편의 시를 남기고 있다.

---

87) 『三巴集 · 聖學詩』,「誦聖會原流」第一首.
88) 조지프 틸렌다, 박병훈 엮음,『예수회 성인전』, 이냐시오영성연구소, 2014, 98~101쪽.
89) 楊光先,『不得已』,「僻事論」上: "男女媾情, 萬物化生, 人道之常經也. 有父有母, 人子不失之辱, 有母無父, 人子反失之榮."

세상을 구원하실 큰 기틀이 성스러운 잉태로 기원하니,
주 하느님의 오심을 알리는 복음이 홀연히 전해졌네.
천지자연의 법칙에 얽매이지 않으시고 동정녀로 수태하니,
오랫동안 닫쳤던 하늘길이 지금 비로소 열렸다.[90]

오어산은 교회의 가르침을 통해 아담 이후로 모든 사람은 원죄의 흔적을 지니고 태어나지만, 성모님께서 세상의 이치에 구속되지 않고 원죄 없이 잉태되신 것은 예수님께서 사람에게 창조 때의 선한 모습을 되찾게 해 주신 구원의 시작이라는 것을 믿게 되었다.

예수회는 마리아뿐만 아니라 초기 역사부터 성 요셉을 공경해 왔다. 중국 선교를 주도했던 예수회는 그들이 섬기는 요셉을 중국의 수호성인으로 지정해 주기를 건의했고, 1678년 8월 16일에는 교황 인노첸시오 11세가 성 요셉을 중국 선교의 수호자로 선포했다. 오어산은 예수회의 수호자, 성 요셉의 기념일을 맞아 시편을 남겼다.

고생을 참고 견디시며 삼십년을 일하셨고,
가난한 살림을 책임지시고서도 허물없었음에 감사하네.
공을 이루셨으니 응당 하늘의 은총이 있으리니,
죽음이 찾아와도 어찌 세태에 구애될까.
정결한 배필 바라보며 서로 의지하니 위안은 절로 배가되고,
자애로운 하느님의 가호와 은총은 말하기 어려워라.
천고의 세월을 돌아보면 유명한 성인 많았으나,
이날의 은총과 영광은 누구와 비견할까.[91]

---

[90] 『三巴集·聖學詩』, 「慶賀聖母領報」第一首.
[91] 『三巴集·聖學詩』, 「讚聖若瑟」第二首.

오어산은 성바오로성당 파사드 2층에 봉안된 4명의 예수회 성인[92]을 송찬하는 시편들을 남겼다. 그는 이분들 모두 귀족 출신으로 당당한 신분을 가졌던 인물이었지만 청빈과 절욕의 길을 걸으며 온 세상에 하느님의 사랑을 전하기 위해 기꺼이 자신을 희생한 진정한 성인들이라고 송찬하였다. 그 중 오어산이 제일 존경한 성인은 하비에르였다.

> 특별히 선택된 도구이시며, 거룩한 가르침의 주춧돌이시네.
> 구세주를 따라 극심한 고통을 짊어지셨네.
> 성부의 영광과 성령의 특별한 은총을 입어셨네.
> 사적인 세속 잡사는 서로 줄이고, 오사(五司)는 공고히 하셨네.
> 양떼들을 소중하게 돌보심은, 성조(이냐시오)와 한가지셨네.
> 널리 복음을 전하시니, 어찌 자그마한 보탬이라 하리오.
> 미혹된 길을 지적하여 무너뜨리시니 마치 큰 불과 같으셨네.
> 우리 백성들을 깨우치시어 모두 천국을 생각하게 하셨네.
> 예수회의 동량일 뿐만 아니라,
> 진실로 아시아의 자애로운 아버지이시네.[93]

오어산이 시를 통해 "예수회의 동량이었을 뿐만 아니라 진실로 아시아의 자애로운 아버지이시다"라고 송찬했던 프란치스코 하비에르는 사도시대 이후 가톨릭교회의 가장 위대한 선교사, '신앙 전파의 수호자', '선교의 수호자'로 추앙받은 성인이었다.

---

[92] 그 첫 번째 인물은 예수회의 창시자인 이냐시오 데 로욜라(聖依納爵)이고, 두 번째 인물은 예수회의 동방선교를 책임졌던 프란치스코 하비에르(聖方濟各沙勿略)였다. 또한 예수회를 다시 중건했다고 하는 보르하(聖方濟各·玻爾日亞, Borja)와 함께 예수회 학생들의 수호자인 성 알로이시오 곤자가(聖類斯公撒格, Luis Gonzaga)를 찬양하는 시가 있다.

[93] 『三巴集·聖學詩』, 「沙勿略讚」.

예수회는 세상 안에서 일하기 위하여 세상을 온전히 포용하였으며, 그럼으로써 때로는 그들이 견뎌낼 수 없는 세속적 영향과 유혹들을 향해 자신들을 열어놓았다.94) 실제 '강희역옥'은 예수회 지도자들이 중국 내 선교의 명운이 빈번하게 중국 황제, 관리, 환관의 정치적 호의에 달려 있음을 잘 알게 하는 사건이었다. 때문에 예수회는 선교를 살리기 위하여 도덕적 관념이 없거나 심지어 비도덕적 권력의 사용까지 포함하는 어려운 선택에 직면해 있기도 했다.

> 거룩한 교회의 영예(榮譽)가 잇구멍에 매몰되니,
> 앞선 성인께서 기틀을 마련하신 공로가 안타깝네.
> 삼주도(三洲島)의 옛 무덤은 지금도 남아 있어,
> 그 속을 바라보며 세태를 한탄할 때 밤바람이 인다.95)

청 초기의 그리스도교 선교사들을 끊임없이 괴롭혔던 가장 심각한 문제는 그들의 종파 내분이었으며, 마테오 리파를 포함한 다른 교단의 많은 선교사들은 예수회를 싫어했고, 이들의 명성에 몹시 분개했다. 이러한 적대감은 부분적으로 이른바 '전례논쟁(禮儀之爭)'을 불러일으키는 요인이 되기도 했다.96) 위의 시는 당시 세속적 유혹에 흔들리던 예수회를 보며 하비에르가 쌓은 공적이 무너지지 않을까 우려하는 오어산의 심정을 드러내고 있다. 하지만 오어산의 종교적 신념은 흔들리지 않았고, 선교에 대한 사명감과 열정은 더욱 커져갔다.

---

94) 데이비드 E. 먼젤로, 이향만 외 옮김, 『진기한 나라, 중국 - 예수회 적응주의와 중국학의 기원』, 나남, 2009, 402쪽.
95) 『三巴集·聖學詩』, 「佚題」 第八首.
96) 윌리엄 T. 로, 기세찬, 『하버드 중국사 청: 중국 최후의 제국』, 너머북스, 2014, 247쪽.

보배로운 십자가 허공에 달려 있고,
촘촘히 늘어서 찬란하게 빛나네.
동쪽 나라 세 개의 별,
참으로 난형난제라,
나가사키에서 함께 의로운 피를 함께 쏟으셨네.[97]

어려운 시점을 만난 오어산은 1597년 나가사키에서 믿음을 지키기 위해 기꺼이 죽음을 맞이한 바오로 미키, 요한 데 고토, 야고보 기사이 수사 등 세 명의 예수회원을 포함하여 그리스도인 26명의 순교를 떠올렸다. 그리고 하느님이 그들에게 박해를 이겨내는 용기를 주셨듯이, 자신에게도 온갖 시련을 이겨내는 힘을 주시기를 기도하며 중국내 선교를 위해 기쁜 마음으로 기꺼이 순교의 길을 걷겠다는 굳은 의지를 다졌다.

5. 나오는 말

청나라 초기 산수화단을 대표하던 오어산은 지천명이라는 늦은 나이에 그리스도교 성직자로서의 삶을 살고자 결심하고, 8년간의 수학과정을 통해 마침내 가톨릭 신부로 거듭난 특이한 이력을 가진 지식인이었다. 그는 '신의 이름의 도시' 마카오 성바오로학원에서 수사로 생활하는 동안 하느님의 부르심에 응답한 시편들을 지었고, 이를 천학시라 불렀다. 천학시란 바로 중국의 전통시가 형식을 빌려 그리스도교라는 새로운 종교를 받아들이면서 경험한 내용들을 표현한 결과물인 것이다.

---

[97] 『三巴集・聖學詩』, 「聖若望, 保祿, 雅各伯日本國致命」.

『삼파집』은 성바오로학원에서 생활하던 오어산이 마카오의 자연·인문환경을 노래한『오중잡영』과 새롭게 학습한 그리스도교의 교리와 전례, 그리고 그가 속했던 예수회의 생활과 성인들을 송찬한 시를 주로 모은『성학시』두 부분으로 이루어져 있다.『오중잡영』속에 포함된 천학시는 신의 이름의 도시라고 불렸던 마카오의 종교 활동뿐만 아니라 성바오로학원에서 수학하는 수도자들의 모습을 생생하게 기록하고 있어 당시 마카오 사회를 연구하는 데에 중요한 사료가 되고 있다. 하지만『오중잡영』속의 천학시는 아직 종교 활동이 갖는 교리적인 의의를 충분히 설명하고 있지는 않다. 때문에『오중잡영』에 포함된 천학시는 화가 오어산이 목격하고 경험한 마카오의 종교 활동과 수도자들의 삶을 묘사한 광의의 천학시라고 할 것이다.

이에 반해『성학시』82수는 수사 오어산 하비에르의 가톨릭 교리와 전례 등에 관한 이해를 담은 협의의 천학시라 부를 수 있을 것이다. 본문에서는『성학시』에 포함된 천학시를 가톨릭 교리에 대한 이해를 담은 시, 전례라고 하는 종교 활동과 관련한 시, 그리고 그에게 가톨릭의 가르침을 전해 준 예수회에 대한 이해로 나누어 소개하였다. 오어산은 교리시를 통해 하느님의 존재, 삼위일체이신 하느님, 하느님의 아드님 예수 그리스도의 강생 구속, 하느님의 심판과 영생에 대한 천주교의 네 가지 근본 교리 등에 관한 믿음을 표현하였다. 또한 오어산은 교리시를 통해 반 그리스도교 인사인 양광선이『부득이』에서 제기한 그리스도교에 대한 의문들에 대해 간접적으로 답하고, '강희역옥' 이후 팽배해져가고 있던 중국 지식인들의 반 그리스도교 정서를 완화하고자 노력한 흔적을 확인할 수 있었다. 이를 통해 오어산이 이전에 지은 죄를 속죄하기 위해 천주와 성모, 천사와 성체를 찬미하는 여러 시편을 지었을 뿐만 아니라 가톨릭을 본토에 전교하기 위한 목적도 함께 존재

했음을 알 수 있었다.

　전례시를 통해서는 교회에서 신자들과 성직자가 함께 하느님께 드리는 공식적인 의식인 시간경, 미사, 성사와 준성사 등 다양한 전례활동에 참가하여 예수 그리스도가 인간을 위해 행하신 여러 가지 사건들을 기억하고, 이를 통해 그리스도를 체험하고 그리스도인으로 변해가는 오어산을 살펴볼 수 있었다. 또한 송찬시를 통해서는 예수회의 역사, 이냐시오와 하비에르 같은 예수회 성인들을 송찬하는 시, 예수회가 존경하는 성모와 요셉에 대한 찬미시를 통해 예수회 수사로 거듭난 오어산을 만날 수 있었다. 그리고 성바오로학원에서 교육을 받았던 수사들은 라틴어로 된 성경과 교회서적 이외에 롱고바르디(Longobardi; 龍華民)의 『성교일과(聖敎日課)』, 판토하(Diego de Pantoja; 龐迪我)의 『칠극(七克)』 등 명·청시기 서양선교사들이 지은 책들을 학습하였고, 오어산은 이때 학습한 내용들을 전례시와 송찬시에 녹여내었음을 확인할 수 있었다.

　오어산은 천학시를 지으며 중국인들이 쉽게 이해하고 받아들일 수 있도록 하기 위하여 천주교의 교리, 전례, 문화 내용과 중국전통문화를 결합하여 유교나 불교, 도교의 개념과 용어를 차용하여 표현하는 '격의(格義)'의 표현법을 자주 활용하였다. 또한 그리스도교적인 문화 토대 위에서 등장하는 사건과 인물들을 한자어로 표현하는 것 역시 쉽지 않은 작업이었을 뿐만 아니라 이를 정형화된 근체시 속에 녹여내는 것은 더욱 지난한 작업이었을 것이다. 이러한 모든 어려움을 극복하고 천학시를 창작한 오어산은 분명 '중국문학에 정통한' 중국의 '독서수사(讀書修士)'라는 칭호에 걸맞은 신부이자 시인이었음에 틀림없다.

　천학시가 가진 특성 자체가 이미 특정한 종교에 대한 절대적인 믿음을 표현하는 데 있기 때문에 모든 사람들이 공유하기에는 일정한 한계성이 존재한다. 또한 '강희역옥'과 '전례문제'로 인해 금교령이 내려지고 반 그리스도교적인 정서가 팽배해진 상황이었기 때문에 천학시의 창작은 지속되지 못했다. 하지만 중국고전시가의 형식을 이용하여 서양의 종교와 문화를 담아내었던 천학시의 출현은 분명 중국고전문학의 내용을 풍부히 하는 중요한 사건임에 틀림없다. 뿐만 아니라 오어산의 시가 포함하고 있는 내용은 동서양의 문화교류와 종교사적인 선교사를 연구하는 데에도 중요한 사료를 제공하고 있어서 그 의의가 적지 않다고 할 것이다.

---

* 이 글은, 필자의 「吳漁山의 『三巴集』에 나타난 天學詩 연구」, 『中國學』 제54輯의 내용을 수정 보완한 것임을 밝힌다.

오어산 하비에르 신부 간략 연표

1632년(崇禎 5, 1세):	강소(江蘇) 상숙(常熟)에서 출생
1644년(崇禎 18, 13세):	명(明)이 망하고 청(淸)이 건국
1648년(順治 3, 15세):	왕시민(王時敏)에게서 그림을 배움
1649년(順治 6, 18세):	학문적 스승 진호(陳瑚)를 알게 됨
1652년(順治 9, 21세):	진민(陳岷)에게 금(琴)을 배움
1654년(順治 11, 23세):	구식사(瞿式耜)의 유골(遺骨)이 상숙으로 돌아옴을 애도
1659년(順治 16, 28세):	정성공(鄭成功)이 남경(南京)을 공격 진호를 쫓아 의리지학(義理之學)을 배움
1660년(順治 17, 29세):	진호와 전겸임(錢謙益)에게 어머니의 찬(贊)을 부탁, 전겸익은 「도계시고서(桃溪詩稿序)」에서 오어산의 시를 "思淸格老"라 평함
1662년(康熙 1, 31세):	봄 모친 사망, 향년 68세
1664년(康熙 3, 33세):	오흥(吳興)을 방문, 진호「종유집서(從遊集序)」를 적음
1665년(康熙 4, 34세):	여회(余懷)「사우집서(寫憂集序)」를 적음 허지점(許之漸)이 '강희역옥'에 연루되어 파직, 향리로 돌아옴 4월 흥복정사(興福精舍) 묵용화상(黙容和尙)을 위해 그림을 그림

1668년(康熙 7, 37세):	당우소(唐宇昭)가「도계집서(桃溪集序)」를 적음 진옥기(陳玉璂)가「묵정초당시서(墨井草堂詩序)」를 적음 전육찬(錢陸燦)이「송어산귀성남서(送漁山歸城南序)」를 적음
1669년(康熙 8, 38세):	허지점과 함께 양주(揚州)를 여행함
1670년(康熙 9, 39세):	4월 허지점과 함께 북경(北京)으로 감
1671년(康熙 10, 40세):	북경에서 돌아오는 길에 묵용화상의 부음을 받음
1672년(康熙 11, 41세):	천주교 교우들과 교류를 시작함
1674년(康熙 13, 43세):	9월「흥복구감도발(興福舊感圖跋)」을 적어 묵용화상을 추모함 주탁(周鐸)에게서 그리스도교 가르침을 받음
1675년(康熙 14, 44세):	9월「방고산수책(倣古山水册)」을 그려 묵용화상을 그리워하는 마음을 담음
1676년(康熙 15, 45세):	루주몽(Francois De Rougemont; 魯日滿) 신부와 교유
1677년(康熙 16, 46세):	쿠플레(Philippe Couplet; 柏應理) 신부와 교유

1680년(康熙 19, 49세):	6월 스승 왕시민 별세, 추도시 8수를 적음, 마카오에 도착
1681년(康熙 20, 50세):	쿠플레 신부와 함께 서양으로 가려고 했으나 좌절
1682년(康熙 21, 51세):	마카오에서 예수회 입회, 수련수사가 됨
1683년(康熙 22, 52세):	마카오를 떠나 강남(江南)으로 감
1684년(康熙 23, 53세):	남경(南京)에서 초원을 발원, 서양선교사를 대신해 황제의 은혜와 관심에 감사하는 시를 적음
1688년(康熙 27, 57세):	남경에서 라문조(羅文藻) 주교로부터 사제 서품을 받음
1689년(康熙 28, 58세):	상해에 파견되어 보좌신부가 됨
1696년(康熙 35, 65세):	가정(嘉定)의 주임신부가 되어 파당(破堂)에 주석함
1701년(康熙 40, 70세):	가정에서「칠십자영(七十自詠)」4수를 적음
1708년(康熙 47, 77세):	윤삼월 가정에서 상해로 돌아옴
1718년(康熙 57, 87세):	5월 4일 성 마티아 사도 축일 선종

저자

오력 (吳歷; 1632~1718)

자가 어산(漁山)이고, 호는 묵정도인(墨井道人)이며, 강소(江蘇) 상숙(常熟) 출신이다. 청나라 초기 산수화단을 대표하는 화가의 한 사람으로 시와 음악에 있어서도 자신만의 세계를 구축한 명망 높은 명의 유민이었다. 오십 세에 마카오 성바오로수도원에서 예수회에 입회하였고, 사제 서품을 받은 후 상해(上海)와 가정(嘉定)에서 30여 년간 선교활동을 하였다. 그가 남긴 시와 화제(畫題) 등은 『오어산집전주(吳漁山集箋注)』에 담겨 있다.

전주

장문흠(章文欽)

광동성(廣東省) 산두(汕頭) 출신이다. 중산대학(中山大學)에서 대외관계사로 박사학위를 취득한 이후, 지금까지 중산대학 교수로 재직 중이다. 마카오의 역사와 문화, 청대 광동십삼행(廣東十三行)과 초기 중·서 관계와 명·청 교체시기 천주교의 전래와 수용에 관한 많은 연구 성과를 가지고 있다. 대표저작으로는 『오어산집전주(吳漁山集箋注)』, 『오어산급기화화천학(吳漁山及其華化天學)』, 『오문시사전주(澳門詩詞箋注)』 등이 있다.

역자

최낙민 (崔洛民)
   복단대학(復旦大學) 문학박사
   한국해양대학교 국제해양문제연구소 HK교수

김창경 (金昌慶)
   북경대학(北京大學) 문학박사
   부경대학교 중국학과 교수

감수

심백섭 (沈百燮) 유스티노
   예수회 신부
   대전가톨릭대학교 교수